°Y
2/3

ÉROTOPSIE,

OU

COUP-D'ŒIL

SUR LA POÉSIE ÉROTIQUE,

ET LES POËTES GRECS ET LATINS

QUI SE SONT DISTINGUÉS EN CE GENRE.

OUVRAGE pouvant faire suite à celui du docteur PETIT-RADEL, intitulé : De Amoribus Pancharitis et Zoroœ.

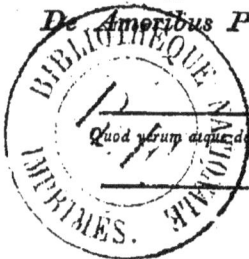

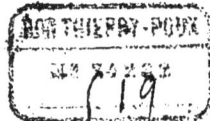

Quod verum atque decens curo et rogo, et omnis in hoc sum.
HOR. EP. 1. L. 1. Ver. 11.

A PARIS,

De l'Imprimerie de C. F. PATRIS, rue de la Colombe, en la Cité, N° 4.

AN X — 1802.

C.

AVANT-PROPOS.

Les considérations suivantes doivent être regardées comme autant de données hasardées sur les beautés de quelques ouvrages de poésies anciennes, que les connaisseurs admirent encore, quoiqu'ils soient ternis par l'ignorance où l'on est sur beaucoup de circonstances qui pourraient mieux les faire valoir. Les siècles qui, en usant les monuments les plus durables, changent les opinions des hommes, et les livrent à toute la versatilité dont leur nature est susceptible, ne nous ont laissé que les Grecs et les Latins pour recevoir à jamais nos hommages. Sans doute les Phéniciens, les Assyriens, les Perses et les

Égyptiens ont eu leur Clio, leur Calliope et leur Érato ; car comment avoir traversé la scène de la vie d'une manière si brillante, sans qu'aucun personnage, chez ces peuples policés, n'ait embouché la trompette héroïque ou la lyre et le luth, pour proclamer aux temps à venir la gloire que leurs hauts faits leur avaient value ? Les conjectures qui restent encore, à cet égard, sur ces peuples, disparaissent pour nous, lorsque nous tournons nos regards vers le sol Attique et les riantes rives du Tibre. Aussi, forts de nos preuves, nous dédommageons-nous de nos pertes, par les richesses qui nous restent. Dans ce que nous allons en offrir, envisagé sous le rapport qu'indique le titre de cet écrit, nous fixerons l'attention du

lecteur non sur la prosodie des origi-
naux qui, en grande partie, est perdue
pour nous, mais bien sur le fond ou le
langage propre du cœur, qui est le
même pour les hommes de tous les
siècles et de tous les pays. La langue
grèque ayant reçu les plus grandes atteintes depuis qu'on a voulu en France
niveler l'éducation en la rendant la
même pour tous les hommes, nous avons
cru ne devoir faire les citations des auteurs que nous avons évoqués de leurs
lieux de repos, qu'en langage courant
que l'on pût mieux entendre. En agis-
sant ainsi, nous nous sommes fait jour
à travers les décombres, pour aller chercher un sens auquel l'édifice poétique
donnait un tout autre luxe, objet de
l'admiration de ceux qui vivaient dans
les temps reculés où il fut construit. Ce

serait un crime, nous l'avouons, si le motif qui nous l'a fait commettre, ne nous le rendait pas excusable. D'ailleurs nous avons cherché à le pallier autant qu'il a été possible, en revêtant nos emprunts des ornements que nous ont offerts les meilleures traductions en vers que nous ayons pu nous procurer. Ayant été un peu plus à l'aise à l'égard des poètes latins, nous avons risqué d'offrir les passages les plus intéressants sous leurs propres couleurs, les traduisant encore en prose ou en vers, selon que la circonstance nous paraissait plus ou moins favorable. Ce travail est une récréation à laquelle nous prions les connaisseurs de ne pas porter un plus grand intérêt que celui dont nous l'avons jugée digne en la publiant.

COUP-D'ŒIL

SUR LA POÉSIE ÉROTIQUE,

ET LES POÈTES GRECS ET LATINS

QUI SE SONT DISTINGUÉS EN CE GENRE,

S'IL fut un sujet digne d'occuper les loisirs des premiers poètes, ce ne put être que celui qui, fondé sur les doux sentiments de l'amour, leur fournissait les moyens de nourrir leur génie, en aiguisant les traits dont eux-mêmes pouvaient être atteints. Tel est le pouvoir de cette passion sur l'homme que, comme elle monte les ressorts de son être, et active toutes ses sensations, de même elle élève son langage pour le faire correspondre au nouvel ordre de rapports qui s'établit sous son influence.

L'amante, aux yeux de celui qui lui avoue l'empire qu'elle a sur lui, n'est

1

plus une mortelle ; c'est une divinité descendue du ciel pour le faire jouir du seul bonheur auquel il aspire. Une fois l'imagination ainsi montée , tout se modifie sur ce premier type de sensations; les métaphores , les allégories se succèdent , et le langage passant du simple au figuré pour prendre le caractère pathétique , devient bientôt divin comme son objet. Si l'amant fait l'aveu de son ardeur, il la peint sous l'apparence d'une flamme dont son cœur est tacitement consumé :

Ipsius est imas tacite fera flamma medullas.

Si , épris des charmes qui le tiènent dans les fers, il cherche à exprimer le pouvoir de quelques-uns , ce ne sont plus les yeux d'une beauté; ce sont des jets de lumière qui le disputent en clarté aux diamants étincelants sur la voûte azurée des cieux :

Fronte sub elato scintillant œmula stellis
Lumina.

S'il parle de cette rougeur virginale que la pudeur étend sur ses joues au moment où son cœur éprouve un épanouissement d'amour, ce sont des roses qui, transportées des bosquets d'Idalie, s'empressent, en leur faveur, à se dépouiller de leur éclat :

Virginis ora rubent roseo fulgore nitentque.

Enfin s'il fixe son attention sur la blancheur des dents dont sa bouche est ornée ; ce ne sont plus de simples moyens nécessaires pour le travail mécanique de la mastication ; ce sont des perles venues des brillantes contrées de l'Inde pour, se rangeant régulièrement en demi-cercle, faire admirer toute la beauté de leur eau.

Eoi ore sedent junctim fulgent et elenchi.

Ainsi, d'après ces considérations, tout porte à croire que les premiers morceaux de poésie qu'enfanta le génie de l'homme, furent ceux que dicta

1.

l'Amour (1). Linus, le poète le plus ancien dont il soit fait mention dans les annales du Parnasse, semble s'offrir de lui-même pour prouver cette assertion. Comment, en effet, put-il traiter de la génération du monde selon la tradition qui nous en a été donnée? com-

---

(1) Les premiers essais en poésie, furent, dit-on, consacrés à l'Éternel. Étonné à la vue du spectacle sublime que lui offraient les divers objets récemment créés, l'homme éleva ses bras vers les cieux pour témoigner sa reconnaissance par des cantiques que la sensibilité de son cœur lui suggéra. Milton, à ce sujet, dans son cinquième livre du *Paradis perdu*, se rend l'interprète des sentiments du premier des humains, dans le pathétique tableau qu'il en offre. Cependant, malgré tous les efforts d'imagination qu'ont faits les poètes pour peindre ce qui arriva dans ces premiers moments, nous sommes loin de croire qu'ils ayent atteint la vérité dans tout ce qu'ils nous ont dit sur ce point. Ils ont développé ce qui aurait dû être, et non ce qui a été. L'homme, d'une nature quelque distinguée

ment put-il s'expliquer sur le sublime
concert de la nature , sur le luxe des
fleurs qui émaillaient les prairies , sans
dire quelque chose de cette puissance
irrésistible à laquelle sont forcés de se
soumettre les être vivants , pour per-
pétuer les brillants effets de la première

---

qu'on ait voulu l'admettre , n'en reçut pas moins
alors , avec le souffle de la vie , les inclinations
brutes qui le portaient vers les moyens de conserver son existence , plutôt qu'à la considéra-
tion des objets d'une plus haute importance ;
témoin ce qui se passe encore aujourd'hui dans
les isles et les terres fermes habitées par les sauvages qui n'ont aucune idée sur la divinité. S'il
chanta dans ces premiers temps , ce furent les
cantiques de Cythère , et non des hymnes au
créateur des choses , dont il était réservé aux
philosophes de ce jour de nous donner quelques
notions. Le philosophe , en lisant les produits de
l'imagination poétique , doit les admirer quand
ils sont de nature à passer à la postérité ; mais il
doit toujours les réduire à leur juste valeur ,
quand il cherche à les apprécier.

création ? Malheureusement tout ce qu'il a dû chanter sur une pareille matière est perdu pour noûs , ainsi que ce qu'il composa sur les grands phénomènes de la nature.

L'insouciance des hommes pour tout objet propre à nourrir leurs cœurs et animer les ressorts de leur existence , est et sera toujours le plus grand obstacle contre lequel auront à combattre ceux qui, cherchant à les éclairer , leur indiquent les moyens d'augmenter le bonheur vers lequel se portent toutes leurs pensées. D'après cette vérité , on ne doit plus s'étonner que l'antiquité ait été muette sur un personnage dont , relativement au sujet actuel , on ne peut parler que par probabilité.

Le voile qu'étend la succession des siècles sur les choses à mesure qu'elles descendent dans le noir abyme du passé , semble s'éclaircir à l'égard d'Orphée , et nous laisser en quelque façon entrevoir que ce pontife sacré , ce sage légis-

lateur ne dut point être étranger au langage passionné du cœur. S'étant nourri
l'esprit de toutes les idées mystiques
qu'il puisa dans l'Égypte, si, de retour
en Grèce, il réveilla chez les habitants
des différentes villes les pieux sentiments
de la religion, ouvrant bientôt les avenues
de son ame à l'impérieux pouvoir de
l'amour, il n'en répondait pas moins à
ses tendres insinuations, en chantant
celle qui méritait son hommage.

Pénétré de la plus profonde douleur
sur la perte de la nymphe qui auparavant fournissait à sa lyre le sujet des
plus moëleuses modulations, notre poète
se retira dans les lieux les plus sauvages
de la Thrace. C'est là que, selon Virgile,

Ipse cavâ solans ægrum testudine amorem,
Te dulcis conjux, te solo in littore secum,
Te veniente die, te decedente canebat.

Ainsi il rendait confidentes de ses peines
amères, les forêts, les vallées, et les
cavernes les plus enfoncées. Le nom

de sa chère Eurydice se répétait de toute part ; les accents de la douleur commencés dès l'aurore, se continuaient bien avant, jusqu'à ce que le soleil, gagnant l'horison, abandonnât les mortels aux douceurs d'un sommeil qui ne pouvait avoir accès sur lui. Ainsi continuèrent ses tristes jours jusqu'à ce que les Bacchantes, irritées du mépris qu'il leur avait témoigné, le mirent en pièces dans un moment de fureur que leurs Orgies amenèrent.

Orphée revenant d'Egypte, tout occupé des vérités mystiques qu'il avait recueillies dans la fréquentation des prêtres et des sacrificateurs employés au culte de la déesse Isis, ne pouvait guère allier les accords de sa lyre à ceux que demandent les émotions d'amour. Sans doute aussi ces émotions elles - mêmes n'auraient pu se faire sentir sur un cœur livré aux élans qu'excite la majesté d'un dieu suprême auquel il consacra ses premiers chants. Mais enfin il était une époque où le divin chantre devait sortir de son pieux récueillement , et c'est celle où il vit la nymphe Eurydice et en devint amoureux.

Si ce divin chantre prenait plaisir à rendre sensibles à ses accords les forêts et leurs paisibles habitants , quels ne durent pas être alors les moëleux accents qu'il employa pour se concilier le cœur d'une personne née pour contribuer au bonheur de sa vie ? Mais dans ces temps reculés on écrivait peu ; les sentiments du cœur , animés par la force que leur donnaient les circonstances , s'improvisaient , comme aujourd'hui encore chez les nations les plus sauvages. D'ailleurs , comment aurait-on pu rendre toutes ces nuances , toutes ces teintes d'expressions qu'allume la passion ? comment aurait-on réussi à développer ce pouvoir du geste qui , leur donnant une nouvelle force , pénètre l'ame et ouvre la voie à la persuasion ? Aussi l'antiquité , en nous transmettant les hymnes magnifiques qu'il composa à la gloire du souverain être , ne nous a-t-elle rien laissé sur les poésies éro- tiques de ce grand génie.

On cite Pamphos comme étant dis- ciple de Linus ; s'il n'est aucune auto- rité contraire à cette allégation , ce ·poète , tout imbibé de la doctrine de son maître , devait naturellement suivre ses traces et chanter les amours. Il consacra les premiers essais de sa lyre aux Graces; et qui chante les Graces chante Vénus et son fils , chante les Ris et les Jeux, leur aimable cortège ; et bientôt répon- dant aux feux qui l'animent , il cherche en son propre cœur le langage le plus convenable à l'expression de sa passion. Pamphos fit un poème sur l'enlève- ment de Proserpine ; et sans doute que dans une si belle matière le poète ne s'en tint point au seul descriptif peu propre à nourrir le fond d'un si riche sujet , et lui donner l'énergie du sentiment qu'il suppose.

A mesure que ces premiers pères de la poésie composaient, ils unissaient leurs accents à ceux d'une musique propre à faire valoir leurs conceptions ; le son des lyres, des sistres, des harpes, des cithares et des flûtes, ainsi associé à la cadence du mètre, donnait une force à la pensée, et la faisait mieux valoir. Le poète, en récitant le produit de son génie, forçait, diminuait, ou augmentait les inflexions de sa voix, comme l'exigeait la mesure. Il donnait à celle-ci une nouvelle vie par l'art avec lequel il y unissait les sons de l'instrument dont il s'accompagnait. Ainsi la poésie et la musique allaient toujours de pair dans ces premiers temps. L'idée qu'on s'était formée de l'union de ces deux arts, avait donné lieu à cette inscription qu'on lisait au-dessus de la porte de l'école de Pythagore.

Procul este profani :
Non ingredimini, qui dulce melos nescitis ;
Procul este profani.

Tels alors étaient les poètes les seuls possesseurs de l'attention des hommes, lorsque parut Homère long-temps aprés pour la leur ravir. Rougissez de honte, mortels qui, de tout temps, vous traînâtes dans les routes fangeuses de la routine et de l'ignorance! Le plus sublime génie qui anima notre argille, et créa un monument éternel à sa gloire, fut ignoré de ses contemporains, et forcé par la misère d'aller de ville en ville en chantant les dieux et les guerriers pour gagner son pain. Homère est le premier poète à qui on ne contesta point ses ouvrages; mais avant d'écrire il commença par amasser ses matériaux dans l'Asie, l'Égypte, les divers pays de la Grèce et autres contrées connues où il pouvait s'en procurer. Dans tous ces voyages il s'entretenait avec les Sages; il comparait les notions qu'il en tirait, avec les maximes d'Orphée, de Linus et de Musée, dont il avait déjà quelque connaissance. Partout il puisait aux sources

pour nourrir la morale , la politique et
la religion qui règnent dans ses écrits.
Sa lyre , dans son Iliade , montée par la
main toute sanglante de Mars , suit l'intonation guerrière du poète , lorsqu'il
chante les villes en proie aux flammes ,
les campagnes rougies par les flots de
sang, et toutes les horreurs d'une guerre
désastreuse qu'occasionna l'enlèvement
de la belle Hélène. Nous n'envisage-
rons point ici Homère sous tous les rapports qui réveilleraient l'attention sur
ce personnage que la Renommée , em-
bouchant la trompette de la gloire ,
proclame à la vénération des siècles
à mesure qu'ils sortent du néant pour y
retomber. Nous bornant à l'offrir comme
accessible au langage de la muse d'où
dérivent les expressions de tendresse,
nous citerons en preuve le passage
suivant du cinquième livre de l'Odyssée ,
tel que l'a traduit Rochefort. Mercure
arrivant à l'isle de Calypso par l'ordre
du souverain des dieux , s'adresse à la

nymphe pour lui redemander Ulysse.
C'est alors que celle-ci manifeste toute
la passion qu'elle nourrit pour le héros , en s'exprimant comme il suit :

Dieux cruels, dieux jaloux du bonheur des déesses,
Qui jadis de l'amour ont senti les faiblesses ;
C'est vous dont la fureur se renouvèle encore,
Pour ravir de mes bras cet amant que j'adore.
Ainsi l'Olympe entier me poursuit et m'envie
Le cœur de ce mortel dont j'ai sauvé la vie ;
Qui, lorsque le tonnerre eut frappé ses vaisseaux,
Seul avec leurs débris luttait contre les eaux ;
Qui, tandis qu'à mes yeux ses compagnons périrent,
Que près de mes écueils les flots les engloutirent,
Seul porté sur ces bords par les vents et la mer,
De mes soins complaisants fut l'objet le plus cher.
Hélas ! combien de fois je lui fis la promesse
D'éterniser ses jours ainsi que ma tendresse,
D'écarter loin de lui la vieillesse et la mort !

Les sentiments d'amour qui sont dé-
veloppés avec vigueur dans ce morceau,
ont une touche de tendresse qu'on ne
saurait trop admirer dans le suivant pris
de l'Iliade. Il nous offre les impressions
que fit Junon sur le dieu de la foudre

au moment où , parée de la ceinture de
Vénus , elle se présente à lui sur le mont
Ida.

Jupiter la contemple , et ses sens enchantés
S'ouvrent à la chaleur des tendres voluptés ;
D'un doux frémissement l'amour remplit son ame ;
Il reconnaît l'ardeur dont il sentit la flamme ,
Le premier jour qu'Hymen favorable à ses feux ,
Vers le lit nuptial les conduisit tous deux.

C'est alors qu'épris de ses charmes , et
cherchant à détourner la déesse qui voulait aller vers l'Océan et Thétis pour appaiser leurs différents , il lui adresse la
parole en lui disant :

Venez , et vous livrant à des desirs plus chers ,
Un moment dans mes bras oubliez l'univers.
Jamais , jusqu'à ce jour , jamais de tant de flammes
L'Amour , le tendre Amour n'avait atteint mon ame.
Les feux dont par ses soins mon cœur avait brûlé
Pour Latone ou Cérés , Alcmène ou Sémélé ,
Pour tant d'autres beautés , déesses ou mortelles ,
Étaient de son flambeau de faibles étincelles.
Vous-même dans mon cœur n'allumâtes jamais
De si brûlants desirs par vos divins attraits.

La déesse prude , pour raison , se

refuse à ses desirs , honteuse d'offrir à
quelques dieux , qui pourraient les considérer du haut de l'olympe , des appas uniquement destinés à repaître la
vue du souverain des dieux. C'est alors
que celui-ci lui dit :

Ne craignez rien, Junon , des mortels ni des dieux;
Je saurai vous soustraire aux regards curieux;
Mes feux ménageront une épouse que j'aime;
Sous un nuage d'or ma puissance suprême,
Ne souffrant de témoins que les yeux de l'Amour,
Saura nous cacher même aux yeux du dieu du jour.
Il dit : impatient, enflammé de tendresse,
Il vole à son épouse et sur son sein la presse.

Suit un tableau bien digne de l'Albane,
par la richesse et la fraîcheur de ses
couleurs :

La terre complaisante et sensible à leurs feux,
D'un doux et frais gazon se couronne autour d'eux.
Le tapis émaillé s'élève et se colore
Des plus riches présents sortis du sein de Flore;
Et la molle hyacinthe et le lis orgueilleux,
Offrent aux deux époux un lit délicieux,
Que d'un nuage d'or l'ondoyante barrière
Dérobe à l'œil perçant du dieu de la lumière,

Tandis que la rosée en larmes de cristal
Tombäit en humectant le trône impérial.

Une longue suite d'années s'écoula
avant que le luth de Cythère fût tou-
ché par aucun des poètes qui succédèrent à Homère ; mais la tendre Sapho naquit, et bientôt, sous les doigts
de cette cantatrice, ses cordes d'or ré-
sonnèrent du doux tourment d'amour.

Toute occupée de ses feux et du foyer
où ils s'animaient, elle chanta Phaon,
elle supplia Vénus et son fils de tourner
en sa faveur les affections de ce jeune
amant. Mais Phaon, d'abord sensible, devint bientôt indifférent ; et l'indifférence,
en pareil cas, est un nouvel aiguillon au
cœur dont elle contrarie l'espoir. La lyre
en main, la tendresse sur les lèvres,
et le chagrin dans l'ame, la belle Sapho
courait sur les traces de son fugitif amant,
sans pouvoir réaliser aucune des jouissances qui pût tempérer la violence de
son tourment.

Uritur infelix virgo totoque vagatur·
Rure furens , qualis conjecta cerva sagitta
Quam procul incautam nemora inter Cresia fixit
Pastor agens telis liquitque volatile ferrum
Nescius. Illa fuga silvas saltusque peragrat
Dictæos ; hæret lateri lethalis arundo.

En arrivant dans un lieu , elle chantait les plaisirs qu'elle croyait y trouver; deçue en le quittant , elle faisait résonner le rivage des langoureux accents que lui suggérait la fatalité de sa triste étoile. Que de morceaux intéressants dont se repaîtrait notre curiosité , s'ils nous eussent été transmis par la muse des Amours! Malheureusement il ne nous reste de cette rivale des neuf sœurs , que deux odes , une à Vénus , dans laquelle elle lui demande de lui ramener son amant qui fuyait de la Sicile. Celle-ci nous a été conservée par Denis d'Halicarnasse , un des plus savants rhéteurs de l'antiquité , qui l'a commentée pour faire sortir la beauté de chaque expression. Nous la soumettrons telle que l'a traduite monsieur Dacier dans sa version d'Anacréon.

O immortalis Venus ! cui tot ubique templa exstructa sunt; filia Jovis, quæ dolos et artes struis queis infelix amans luditur; veneror te, et oro ne quid damni mihi importes, neve mihi animum molestia ulla domes.

Sed huc favens et propitia venias si quando venisti : amanter autem vocem meam audias quam tu sæpe ante hoc exaudisti, cum, relictis aureis ædibus patris, ad me veniebas.

Juncto curru, lepidi autem celeresque passerculi te vehebant nigrantes alas crebro motu quatientes a cœlo per medium aera.

Qui cum te advexissent, repente abibant. Tu vero, o diva, vultu immortali arridens, percunctabaris quidnam esset quod ego passa fuissem, et quid causæ foret, quamobrem te advocarem.

Rogitabas præterea quid præcipue

2.

animo meo furenti fieri vellem, quem adolescentem suasionibus meis pellicerem aut quem retibus peterem ; addens : « quis te, o Sapho, injuria afficit ; quis tibi molestus est ?

Si enim te nunc fugit ille, mox te sequetur ; si dona accipere recusat, at aliquando dabit ; sique minus amat nunc, propediem amabit, et quidquid volueris, faciet. »

Tu igitur, o dea, quæ animum dolentem iis verbis quondam solabaris, veni quoque, meque gravissimis ærumnis libera et quæcumque mihi animus cupit, perfice, ac mihi subveni.

Le morceau suivant offre toutes les beautés de cette ode sous le jour et dans un langage qui peut mieux les faire valoir.

O toi fille de l'onde, aimable enchanteresse
    Qui m'inspiras les plus beaux airs ;
   Toi qui pour temple as l'univers,
    Charmante et trompeuse déesse,
O Vénus ! si jamais du sein des immortels,
Sensible aux sons d'un luth harmonieux et tendre,

Tu souris à mes chants et te plus à m'entendre ;
Si l'encens que ma main brûla sur tes autels
T'a du trône des airs fait quelquefois descendre,
Ne sois pas inflexible à mes tristes accents.
Aujourd'hui j'ai besoin de toute ta puissance ;
Reviens, belle Vénus ; sans toi, sans ta présence,
Je ne puis résister aux maux que je ressens.
Viens telle qu'autrefois deux jeunes tourterelles
T'ont dans un char brillant conduite près de moi.
    Tu commandas à ces oiseaux fidèles
      De te laisser seule avec moi ;
      Alors, avec un doux sourire :
« Sapho, que me veux-tu ? parle, et dans ce moment
Je vais accorder tout ce que ton cœur desire.
Faut-il récompenser l'heureux et tendre amant
    Que tu chéris et qui pour toi soupire ?
      Faut-il punir un inconstant,
      Ou bien faut-il à ton empire
      Soumettre un cœur indifférent ?
    Si quelqu'ingrat méprise ta tendresse,
Il va brûler pour toi du plus funeste amour ;
    Et s'il te fuit, tu le verras sans cesse
    Avec ardeur te poursuivre à son tour.
Si ton volage amant, épris pour d'autres charmes,
A rompu ces liens qui faisaient ton bonheur,
    Bientôt touché de tes allarmes,
Il viendra plus soumis te rapporter son cœur.
    Mais si toujours tendre et fidèle
Ce mortel te rend seule heureuse sous sa loi,
    Alors d'une chaîne éternelle
    Je vais, Sapho, l'unir à toi. »

Belle Vénus, reviens encore
Accomplir ta promesse, et fais que dès ce jour
Le perfide amant que j'adore,
Aussi tendre que moi, reviène en ce séjour
Calmer l'ennui qui me dévore
Et me jurer un éternel amour.

La seconde ode est consacrée à une jeune Lesbienne dont elle était éprise. Son ame s'y fond dans une langueur délicieuse qu'excite la flamme dont elle brûle. Tout y est sentiment, chaleur, ivresse et volupté. Pour marquer l'excès de son amour, elle a su si bien faire choix des accidents qui succèdent à cette passion, que personnifiant ses sens, elle en fait autant d'individus près d'expirer. Elle y semble saisie des passions les plus contraires; elle gèle, elle brûle, elle extravague, elle revient à elle, et tout cela, non pour faire paraître une seule passion, mais bien pour manifester toutes celles qu'elle éprouve à la fois. C'est ce qu'on voit dans la traduction suivante de Dacier, prise de Longin qui nous l'a transmise.

« Celui qui est toujours près de toi ,
qui a le bonheur de t'entendre parler ,
de te voir rire d'une manière si agréable , jouit d'un bonheur qui égale son
existence à celle des dieux. C'est ton
rire, ta manière de parler , qui mettent le trouble dans mon ame ; car sitôt
que je te vois, la parole me manque ,
je deviens immobile , et un feu subtil
se glisse dans mes veines ; mes yeux se
couvrent d'un nuage épais ; je n'entends
qu'un bruit confus ; une sueur froide
coule de tout mon corps ; je tremble , je
deviens pâle , je suis sans pouls et sans
mouvement ; enfin il me semble que je
n'ai plus qu'un moment à vivre. »

Pour mieux sentir la beauté de ce
morceau , il faut le lire dans l'original.
« Sapho y peint, dit l'auteur du jeune Ana-
charsis, tout ce que la nature offre de plus
riant ; elle le peint avec les couleurs les
mieux assorties , et ces couleurs elle sçait
au besoin tellement les nuancer , qu'il
en résulte toujours un heureux mélange

d'ombres et de lumières. Son goût brille
jusque dans le mécanisme de son style.
Là, par un artifice qui ne sent jamais le
travail, point de heurtements pénibles,
point de chocs violents entre les éléments
du langage, et l'oreille la plus délicate trouverait à peine, dans une pièce
entière, quelques sons qu'elle voulût
supprimer. Mais avec quelle force de
génie nous entraîne-t-elle, lorsqu'elle
décrit les charmes, les transports, et
l'ivresse de l'amour! quel tableau, quelle
chaleur! Dominée, comme la Pythie,
par le dieu qui l'agite, elle jète sur le
papier des expressions enflammées. Ses
sentiments y tombent comme une grêle
de traits, comme une pluie de feu qui
va tout consumer. Tous les symptômes
de cette passion s'animent et se person-
nifient pour exciter les plus fortes émotions dans nos ames. »

Catulle a transporté toutes les beautés
de ce morceau dans la pièce suivante
qu'il adresse à sa Lesbie.

Ille mi par esse deo videtur,
Ille, si fas est, superare divos,
Qui sedens adversus identidem te
    Spectat et audit
Dulce ridentem, misero quod omnes
Eripit sensus mihi : nam simul te,
Lesbia, adspexi, nihil est super me
    Voce loquendum :
Lingua sed torpet, tenuis sub artus
Flamma demanat, sonitu suopte
Tintinnant aures, gemina teguntur
    Lumina nocte.

Si Sapho brillait par son génie, elle n'attirait point à elle par les avantages de son extérieur, et c'est ce qu'on peut croire d'après le témoignage d'Ovide, qui lui fait dire dans une de ses lettres qu'elle adresse à Phaon :

Si mihi difficilis formam natura negavit,
    Ingenio formæ damna rependo meæ.
Sum brevis ; at nomen quod terras impleat omnes
    Est mihi ; mensuram nominis ipsa fero.
Candida si non sum, placuit Cepheia Perseo,
    Andromache patriæ fusca colore suæ.
Et variis albæ juguntur sæpe columbæ,
    Et niger a viridi turtur amatur ave.

Quoi d'étonnant, d'après ce passage, qu'un amant sur la beauté duquel s'épuisèrent les faveurs de Vénus (1), ne la payât pas d'un égal retour d'amour?

On ne parlait plus dans la Grèce de feux, d'ardeurs et de flammes d'amour; à ces maux qui, s'isolant, se fixent sur les individus et les dessèchent sans porter atteinte à la masse générale, avaient succédé les torches, les lances et autres armes destructives, que la fureur des partis toujours renaissants, dès qu'elle

---

(1) On dit que cette déesse voulant un jour retourner en son isle, s'approcha du rivage où Phaon attendait un vent favorable pour mettre à la voile, et lui demanda d'une manière fort ingénue à passer sur son esquif sans payer. Le navigateur acquiesça à son desir; mais la mère des Amours ne le quitta point sans reconnaître sa générosité. Elle lui fit présent d'un vase d'albâtre plein de l'essence dont elle se parfumait, lui recommandant de s'en frotter. Il suivit le conseil de la déesse, et tout à coup il devint le plus beau des hommes.

commençait à s'éteindre , activait pour
le malheur commun. Solon ayant été
trop souvent témoin des désastres qu'amène avec lui le dieu bouillant des combats ,
avait, dans une élégie, détaillé à ses com-
patriotes toutes les causes qui attirent la
ruine aux villes et la désolation aux
campagnes ; il venait même d'établir de
sages lois sous la garantie desquelles chacun renaissait à sa propre industrie. Ce fut
dans cette agréable circonstance que parut Mimnerme pour publier une doctrine
favorable au renouvellement des êtres
que le fer et le feu avaient soustraits
du rang des vivants.

Sa morale était celle en vogue ici,
aujourd'hui que les évènements de la
guerre tant intérieure qu'extérieure nous
ont mis dans le cas d'apprendre par nous-
mêmes les vérités que nous ont trans-
mises sur les malheurs de ces temps, les
historiens qui les ont détaillés dans leurs
écrits. Cette morale est renfermée dans
les vers suivants où il est censé dire :

Jouissons, le reste est chimère.
Le cours de nos ans va finir ;
Le passé ne peut revenir ;
Le présent ne se saisit guère,
Et tout se perd dans l'avenir.
Soins cuisants que l'erreur fit naître,
Fuyez, ne troublez point mes jours ;
Je veux mourir sans vous connaître,
Entre Bacchus et les Amours.

Mimnerme fut constant dans ses principes ; comme il aimait le plaisir, il s'endormait souvent dans les bras de la Volupté que Nano la belle tibicine savait lui rendre agréable et toujours nouvelle. Ah ! dit-il, dans un fragment, le seul que nous ait conservé Stobée :

Que seraient sans l'amour le plaisir et la vie ?
Puisse-t-elle m'être ravie,
Quand je perdrai le goût d'un mystère amoureux !
Cueillons la fleur de l'âge ; elle est bientôt passée ;
Le sexe n'y fait rien : la vieillesse glacée
Vient avec la laideur confondre la beauté.
L'homme alors est en proie aux soins, à la tristesse,
Haï des jeunes gens, des belles maltraité,
Du soleil à regret il souffre la clarté.
Voilà le sort de la vieillesse.

Mimnerme est le premier des poëtes
qui ait allié au style élégiaque l'expression des sentiments d'amour. Avant lui
Callinus et Tirtée l'employaient pour
exciter et entretenir la commisération
sur quelques malheurs. Le poëte eut
recours à ce genre pour chanter Nano
et les douces faveurs qu'elle lui accor-
dait. En effet, par sa nature, il est le plus
convenable au développement de la
tendresse qui demande dans son débit
une brièveté d'expressions les plus propres à la faire valoir. Comme, selon
les règles que l'on a établies d'après lui,
le sens de la phrase doit être complet
à la fin du pentamètre qui suit les vers à
six pieds, où la pensée commence à
paraître ; le genre élégiaque est convenable aux accents d'un cœur souffrant
qui ne saurait envelopper la cause de ses
douleurs dans une longue suite d'idées.
En pareil cas :

La plaintive Élégie, en longs habits de deuil,
Sait, les cheveux épars, gémir sur un cercueil ;

Elle peint des amants la joie et la tristesse, ·
Flatte, menace, irrite, appaise une maitresse.

« Mais, observe Lefèvre, un si bel effet
ne se produit que par des machines qui
font peu de bruit, et qui ne doivent être
conduites que par un ingénieur sage et
paisible. Le secret de l'élégie est de se
soutenir par la douceur et par la régularité de ses mouvements, de mener les
cœurs et non pas de les entraînér. » Nous
ajouterons à ces avantages que la langue
mère qui nous la transmit d'abord, est
toute musicale ; que possédant tous les
modes, elle a pour elle tout ce que la
grace, le mouvement, la fécondité et la
hardiesse peuvent faire éclore sous l'heureux mélange des accords, des sons et
de la cadence. L'élégie ne se récitait jamais dans ces premiers temps qu'aux
doux sons des flûtes qui donnaient à
chaque césure l'intonation la plus convenable à l'expression du sentiment.
Le luth des Amours ainsi monté à
l'unisson du mètre élégiaque, ne dut

que frémir de tendresse sous les doigts
savants qui en interrogeaient les cordes ;
aussi frémissait-il encore lorsque l'Ionie
vit paraître à Théos le plus aimable
nourisson qu'ait eu la sensible Erato. Naturellement éloigné de toute sévérité de
mœurs, Anacréon souriait à la Volupté
qui s'offrait à lui sous le plus agréable
abandon. Apeine il sortait de ses bras
qu'ivre des charmes qu'elle lui avait fait
goûter, il prenait ses tablettes pour la
chanter , pour chanter le dieu de la
treille dont le jus pétillant animait ses
accents. Quelle gloire ne se serait - il
point acquise dans les siècles qui ont
succédé et qui succèderont au sien , si,
plus réservé dans ses goûts, il eût toujours porté ses offrandes sur l'autel
qui les rend plus agréables à la déesse
de Chypre ? Sa muse toujours riante lui
broye les couleurs les plus fraîches ,
pendant qu'il s'occupe à les distribuer
sur ses tableaux avec cette douce ai-
sance et cette molle fécondité qui dé-

rivent de la vraie richesse. Si, par fois,
elle lui suggère quelque idée morale,
il en cache l'âpreté par des roses qu'il
effeuille çà et là sur elle, de manière
qu'on ne peut que les entrevoir. En vain
l'on chercherait chez lui l'art, l'esprit,
la touche enfin que demande Horace
quand, dans une de ses satyres, il
s'exprime comme il suit :

Sæpe stylum vertas, iterum quæ digna legi sint
Scripturus ; neque, te ut miretur turba, labores,
Contentus paucis lectoribus.

On ne trouverait rien de ce fini auquel
le poète de Vénuse voulait qu'on aspire :
son désordre part de l'agitation où sont ses
sens : il est pour lui tout son brillant.

Comme il n'entre point dans notre
plan de prouver ce que nous avançons
par des citations prises de l'original,
nous nous arrêterons sur son caractère
qu'on trouve tracé d'après lui - même
dans le morceau suivant :

Enivré d'un charmant délire,
Sur ce lit de myrtes jonché,
Je veux, nonchalament couché,
Boire, aimer, folâtrer et rire.
Amour ! enfant tendre et badin,
Viens, la chevelure tressée,
Et l'écharpe en nœud retroussée,
Me verser de ce jus divin.
Les ris ne seront plus d'usage
Dans le séjour du monument.
La vie, hélas ! n'est qu'un moment,
Ce char qui fuit en est l'image.
A quoi bon ces dons superflus
Dont on prétend cacher ma tombe ?
Amis, quand je ne serai plus,
Qu'aurai-je besoin d'hécatombe ?
Cependant, couronnés de fleurs,
Goûtons ces parfums enchanteurs.
Et toi qui m'as fait voir Clélie,
Amour, conduis-là sur ces bords :
Je veux avant de voir les morts,
Jouir du plaisir de la vie.

Quoi de plus joli, de plus frais que le charmant morceau qui suit, tel que l'offre le citoyen Anson dans sa traduction des odes de ce poète ?

> Hirondelle, mon amie,
> Aux approches de l'hiver

Je te vois passer la mer,
Prendre ton vol vers l'Asie,
Et jusqu'au fleuve fameux
Qui descend d'Éthiopie,
Du soleil suivre les feux.
Quand ici naît la verdure,
Tu viens sous un ciel plus doux,
Instruite par la nature,
Faire ton nid parmi nous :
Dans mon cœur toute l'année
L'Amour établit le sien ;
La saison ne lui fait rien,
Et nombreuse est sa lignée.
Tandis que l'un prend l'essor,
L'autre naît à peine et sort
A moitié de sa coquille ;
Un autre y repose encore.
Le plus grand de la famille
Alimente le moins fort
Qui bientôt deviendra père ;
Mais ce qui me désespère,
C'est qu'ils font sans cesse un bruit,
Et qu'ils ont un appétit
Difficile à satisfaire ;
Ils s'accroissent tous les jours ;
Je ne sais plus comment faire
Pour suffire à tant d'amours.

Une des plus agréables compositions
de cet auteur est l'hymne à la rose,

qui offre tout ce qu'on peut dire de plus
ingénieux sur cette charmante fleur.
Laïs, dans les fins soupers que les Grecs
appelaient Symposies, se plaisait à la
chanter. Sa voix argentine, dont de jeunes
esclaves suivaient les intonations avec
leurs instruments à cordes, prenait alors
une telle douceur qu'on s'imaginait entendre les délicieux accents des filles
d'Acheloüs. Sivry a imité cette belle production dans le morceau suivant :

Que la Rose de Cythère
S'unisse aux dons de Bacchus ;
Brillez Rose printanière
Chère aux Ris, chère à Vénus.

La Rose est le tendre ouvrage
De l'Amour et du Printemps ;
La Rose reçoit l'hommage
Des autres fleurs des champs.

L'Hymen en sème les traces
De la jeune Volupté ;
L'Amour en pare les Graces
Et le sein de la beauté.

3.

Bacchus, ornes en ma tête,
Et je vais, plein de tes feux,
Je vais danser à la fête
Que te consacrent les Jeux.

En disparaissant de dessus la scène ,
où les écrivains d'amour venaient jouer
leur rôle , Anacréon laissa un très-long
intermède , sans qu'aucun poète se pré-
sentât pour occuper l'attention des amateurs en ce genre. Mais si les Grecs
avaient à se plaindre sur ce profond si-
lence , ils en furent amplement dédom-
magés par les chef-d'œuvres d'un autre
genre. Eschyle, Euripide , Sophocle ,
ayant tour-à-tour chaussé le cothurne ,
attiraient l'admiration de leurs contemporains par le développement d'un nouvel art qui surprenait tous leurs sens.
Or , pendant que l'opinion publique
s'alimentait au récit des glorieux faits,
pendant qu'elle prenait une nouvelle
direction sous le jeu des acteurs qui s'étu-
diaient à la concentrer sur eux-mêmes ,
les douces affections du cœur ne pou-

vaient se faire jour au milieu de ces grandes commotions nécessaires au développement de l'action théâtrale alors en si grande vigueur.

Ainsi s'écoula une longue suite d'années jusqu'à ce que , semblable à l'aimable violette fleurissant à l'ombre amie des hauts chênes dont la vie a devancé la sienne , parut le philosophe Platon sous le dehors de la plus appréciable simplicité. Né avec l'imagination la plus féconde , il porta son hommage à Calliope et la suppliait de lui indiquer un chemin vers la gloire. Déjà il avait un recueil qu'il croyait devoir lui ouvrir les portes du brillant temple de Mémoire, lorsque lisant Homère il jeta son travail au feu.

Ergone suprema potuit vis improba nisu
Tam dirum celerare nefas? Ergo ivit in ignes,
Magnaque doctiloqui migravit musa poetæ.

Mais à peine avait-il chaussé le cothurne, qu'un jet de lumière échappé des

écoles de Socrate l'attira à ce divin
vieillard, dont il devint le plus zélé parti-
san. Cependant le jeune philosophe, tout
occupé qu'il était de la doctrine de son
maître, n'en allait pas moins de temps
à autre cueillir quelques roses dans les
bosquets d'Idalie, pour, jetant en ar-
rière de lui le manteau de la philosophie, les offrir à l'objet de ses desirs
dont il cultivait l'esprit. Oui, disait-il à
ce sujet aux confidents de son amour :

> Lorsqu'Agathis, par un baiser de flamme
> Consent à me payer des maux que j'ai sentis,
> Sur mes lèvres soudain je sens venir mon ame
> Qui veut passer sur celles d'Agathis.

Témoins encore de ses amoureux tourments, les vers qu'il adresse à Archéa-
nasse, laquelle, même sur le déclin de
l'âge, faisait naître la volupté, compagne
du plaisir.

> L'aimable Archéanasse a mérité ma foi ;
> Elle a des rides ; mais je voi

Une troupe d'Amours se jouer dans ces rides.
Vous qui pûtes la voir avant que ses appas
Eussent du cours des ans reçu ces petits vuides,
Ah! que ne souffrîtes vous pas?

Né pour se désaltérer à l'Hippocrène,
Platon dut nécessairement dans tous ses
écrits philosophiques, développer son
génie naturel pour la poésie. « Aussi, dit
Massieu, Platon est-il, après Homère, celui de tous les écrivains qui a porté le plus
loin la magnificence des termes. A juger
de son style, par la rapidité avec laquelle il
coule, et par les expressions lumineuses
dont il est plein, c'est plutôt de la poésie que de la prose. La touche de ce philosophe est tout-à-fait homérique. Ses
ouvrages sont pleins d'allégories, témoin
ce morceau où il donne des aîles à l'ame,
comme Homère en donne à un char.
Quant à la hardiesse des figures, il
la poussait souvent jusqu'à l'audace. »
Pour appuyer tout ce que nous avançons, nous citerons l'hymne suivante qu'il

adresse à l'Amour, dans le dialogue intitulé *Socrate et Phèdre*.

« C'est à toi que j'adresse la parole,
aimable dieu, qui amènes la paix aux
humains; qui sais à ton gré appaiser
les vents déchaînés sur les mers les plus
noires, et répandant la sérénité sur leur
surface, fais jouir des douceurs du sommeil le nautonnier qui fait voile sur elle.
Tu appris aux premiers habitants de la
terre les égards qu'ils se devaient réci-
proquement; et leur insinuant les sentiments de l'amitié sociale, tu en fis un
peuple de frères. A la tête de la brillante jeunesse qui est dévouée à tes ordres, tu la conduis aux danses et aux sa-
crifices qui se célèbrent dans les grandes
solemnités. Tu es favorable et bienfai-
sant à ceux qui t'invoquent du fond de
leur cœur. Tu es admiré des sages,
agréable aux dieux, l'objet des desirs
à ceux qui ne te connaissent point encore, un trésor précieux à ceux qui te
possèdent; de toi dérivent les délices,

les charmes, les agréments et les voluptés. Tu prends part aux évènements
heureux des bons, et tu couvres les mé-
chants de tes mépris. Tu prends plaisir
à secourir, protéger et gouverner les
malheureux dans les circonstances fâcheuses de la vie. Enfin, comme tu es
la gloire des dieux et des hommes, sois
à jamais célébré dans des hymnes par
ceux à qui tu enseignes les divins accents
dont tu te sers pour répandre la douceur dans les cieux et sur la terre. »

Quel charmant tableau il offre à son
lecteur dans ce même dialogue. « Dieux!
le bel endroit, s'écrie Socrate. Comme
ce platane si touffu est agréable à ma
vue ! Cet autre arbre ne la charme pas
moins par la hauteur de sa cime et par
l'épaisseur de son feuillage ; les fleurs
dont il est couvert répandent au loin un
agréable parfum. Qui ne se plairait point
au bord de cette fontaine d'où coule
une eau si fraîche et si pure ! Les offrandes dont son rocher est paré, in-

diquent qu'elle est consacrée aux Nymphes et au fleuve Achéloüs. Sentez-vous
cet agréable zéphir qui, rafraîchissant
l'air que nous respirons, mêle son souffle
au chant harmonieux des cigales ? Mais
ce qui met le comble aux charmes de ce
beau lieu, c'est cette douce pente que la
nature semble avoir exprès revêtue de
gazon pour inviter ceux qui passent, à
s'y reposer. Non, Phèdre, tu ne pou-
vais m'amener dans un endroit plus délicieux. »

Quand Breughel se surpasserait dans
la richesse de ses couleurs et l'art de
bien les employer, pourrait-il faire
un tableau d'un fini qui l'emportât sur
celui-ci ?

Ménandre, né à Athènes, fut regardé
comme l'auteur de la nouvelle comédie
parmi les Grecs. Il assaisonnait son
style d'une plaisanterie douce, fine et
délicate, sans s'écarter des règles de la
bienséance. La muse d'amour ne lui fut
point inconnue, si l'on en juge par le

fragment suivant qu'on doit à Apulée :

Amare liceat, si potiri non licet.
Fruantur alii : non moror, non sum invidus ;
Nam sese excruciat qui beatis invidet.
Quos Venus amavit, fecit amoris compotes.
Nobis Cupido vellè dat, posse abnegat :
Olli purpurea delibantes oscula
Clementi morsu rosea labella vellicent ;
Malas odorent ore et ingenuas genas,
Et papillarum nitidas geminas gemmulas.
Quin et cum tenera membra molli lectulo,
Cum pectora molli adhœrent Veneris glutino,
Libido cum lascivia classicum excitat,
Sinuantque cossim femina, feminæ
Inter gannitus et subantis voculas
Carpant papillas atque amplexus intiment,
Arentque sulcos molles arvo venereo,
Thyrsumque pangant hortulo in Cupidinis :
Dent crebros ictus connivente lumine
Trepidante cursu, Venere et anima fessula
Ejaculent tepidum rorem imis laticibus,
Hœc illi faciant queis Venus non invidet.
At nobis casso saltem delectamine
Amare liceat, si potiri non licet.

Tout sujet s'épuise sous une plume ordinaire ; mais quelqu'épuisé qu'il semble être, il se revêt d'une forme nouvelle,

et plaît encore en se reproduisant sous
l'empreinte du vrai génie. C'est ainsi
que la passion si bien développée sous
la touche des auteurs dont nous venons
de parler, prend une toute autre teinte
sous celle de Théocrite qui vint long-
temps après eux, sous Ptolomée Philadelphe. Ce poëte, vivant à Syracuse au
milieu des troupeaux errants dans les
riantes prairies de la Sicile, abandonna
le luth pour les pipeaux, et chantant les
mœurs des bergers qui les gardaient,
il fut bientôt entraîné à chanter leurs
amours. Naïfs et simples dans l'expression de leurs sentiments, ils parurent
sous les traits qu'il sut leur donner avec
tout le dehors propre à les mieux caractériser. La muse de Théocrite est
vraiment aimable ; elle respire l'ingé-
nuité, la sensibilité, la douceur et l'affection ; enfin c'est la candeur person-
nifiée. A ce sujet, un auteur, dont nous
ignorons le nom, a dit :

J'ai souvent entendu les concerts enchanteurs
Des plus tendres oiseaux, des plus doctes pasteurs ;
Mais tous leurs sons n'ont point une douceur pareille
Aux vers dont cet auteur a charmé mon oreille.

En preuve de ce que nous alléguons, nous citerons le morceau suivant ; c'est le discours que tient un Cyclope à Galatée. On en doit la traduction à l'abbé Lebatteux.

« O charmante Galatée ! pourquoi rejetez-vous un cœur qui vous aime ? Vous êtes plus blanche que le lait, plus tendre qu'un agneau, plus légère qu'une génisse qui bondit ; mais plus âpre que le raisin verd. Vous venez ici quand le doux sommeil m'a fermé les yeux ; et quand il m'abandonne vous fuyez comme la timide brebis à la vue d'un loup cruel. Je commençai à vous aimer lorsque vous vintes avec ma mère cueillir des fleurs d'hyacinthe sur la montagne. C'était moi qui vous conduisais , et depuis ce temps-là je n'ai pas cessé de vous aimer. Je vous aime encore, mais vous n'en êtes pas touchée. Je sais pourquoi vous me fuyez ,

je le sais ; c'est parce que j'ai un sourcil
hérissé qui me couvre tout le front et qui
descend jusqu'à mes oreilles. C'est parce
que je n'ai qu'un œil, et qu'un nez
large me tombe sur les lèvres. Mais
aussi, tel que je suis, je fais paître un
troupeau de mille brebis dont je bois le
lait délicieux. Dans l'été, en automne,
dans la plus rigoureuse saison, j'ai toujours des fromages frais : mes éclisses
sont toujours pleines. Il n'est aucun
Cyclope qui joue mieux que moi du
chalumeau ; souvent je chante vos attraits et mes peines jusqu'au milieu de
la nuit. Je vous nourris onze chèvres qui
feront toutes des petits, et quatre jolis
oursons. Venez me voir, vous les aurez
tous. Quittez les flots, Galatée, laissez-
les se briser contre le rivage. Ma grotte
est ombragée de lauriers et de hauts cy-
près ; elle est tapissée de lierre et de
pampres mêlés de raisins. Une fontaine,
formée par les neiges fondues des forêts
de l'Ethna, y apporte une eau digne

d'abreuver les immortels. Peut-on pré-
férer la mer et les flots à des lieux si
riants ? Si je vous parais trop hérissé ,
j'ai du bois , et du feu qui vit sous la
cendre. Je souffrirai tout ; vous brûle-
rez mon œil si vous le voulez , mon
œil unique , ce que j'ai au monde de
plus précieux. Que ne puis-je vous suivre dans les eaux , j'irais vous offrir tantôt des lis , tantôt des pavots vermeils.
Sortez des ondes , Galatée , sortez , et
quand vous serez sortie , oubliez , comme
je le fais ici , de retourner dans votre
demeure. Venez , nous ferons paître ensemble les troupeaux. Vous tirerez le
lait des brebis , vous presserez le fro-
mage...Cyclope, Cyclope, malheureux,
qu'est devenu ton esprit ! Tu ferais
beaucoup mieux de tresser l'osier et de
cueillir des feuillages pour tes agneaux.
Jouis de ce que tu as sans desirer ce que
tu ne peux avoir. »

L'Idylle suivante, qui est la douzième,
offre tous les agréments de l'esprit unis

à la tendresse , et par cela même elle s'éloigne tellement du genre adopté par le poète , que plusieurs écrivains ont pensé qu'elle ne lui appartenait point. Longepierre , qui n'est point de leur avis , en a donné la traduction telle qu'elle suit :

Te voilà donc enfin , objet de ma tendresse,
Après trois jours entiers d'absence et de tristesse.
Après trois jours entiers ! trois jours ! le terme est court;
Mais hélas! les amants vieillissent en un jour.
Quel plaisir de se voir , quand l'ardeur est bien forte !
Autant que sur un gland une pomme l'emporte,
Le printemps sur l'hiver , la brebis sur l'agneau ;
Autant qu'un faon léger court plus vîte qu'un veau;
Autant qu'en sa jeunesse une fille agréable
A quelque vieille veuve est en tout préférable,
Et que le rossignol surpasse par sa voix
Les plus tendres accents des hôtes de nos bois ,
Autant par ton retour tu as charmé mon ame ;
Et j'ai volé vers toi plein de joie et de flamme ,
Ainsi qu'un voyageur cherchant l'ombre et le frais,
Pendant l'ardeur du jour court vers un hêtre épais.
Puissent les doux Amours, à mes vœux favorables ,
Nous unir tendrement des nœuds les plus durables !
Et puisse notre ardeur et nos noms devenir
L'entretien et les chants des mortels à venir !

Oui, qu'ils disent de nous : « Une ardeur mutuelle
Unit sous un seul joug ce couple si fidelle.
Dans ce vrai siècle d'or , ah ! qu'on était heureux
D'être aimé tendrement aussitôt qu'amoureux ! »
Puisse, ô père des dieux ! puisse, ô troupe immortelle !
Ce digne prix attendre une flamme si belle !

A peine Théocrite cessait de faire résonner les bois et les prairies du doux
langage qu'on parla toujours à Paphos,
que Philétas reprit le luth et chanta les
amoureux tourments, avec ce sentiment
dont furent autrefois pénétrés Sapho et
l'aimable Anacréon. Ce poëte, né à Cos,
vécut avec Callimaque à la cour de Ptolomée Philadelphe , et lorsqu'il était fa-
tigué du tracas des affaires auxquelles il
donnait son temps , il venait soupirer
près de Battis , c'est-à-dire se nourrir
d'un amour qui distillait bientôt après
de sa plume. La succession des siècles,
en éloignant de nous tout ce qui est relatif à ce personnage distingué , nous
prive de tous les moyens de pouvoir le
louer. Il fit place à Bion , dont

4

La lyre ne chantait que les tendres langueurs,
Les soupirs des bergers, le trouble des bergères,
Les doux jeux de l'Amour, ses peines passagères,
Ses combats, sa victoire, et sur-tout ses faveurs.

L'Idylle intitulée *Oaristys*, offre un morceau plein d'expressions de tendresse ; c'est un colloque entre Daphnis et Chloris , où ils se peignent leurs naturels tourments. Il finit bien ingénieusement sans blesser la modestie. L'amant ayant ôté la ceinture à celle qui excite en lui la plus vive ardeur , aussitôt il s'écrie :

. . . . O trop précieux gage !
Vénus, Amour, Hymen, acceptez-en l'hommage!

Les funérailles d'Adonis sont d'une poésie achevée dans le descriptif comme dans le sentimental. Nous prouverons ce que nous avançons par le passage suivant que nous offre la traduction de Sivry. Vénus , près de son amant qui meurt, est toute éperdue :

Adonis!.... ah, Vénus! ô regrets superflus!
Echo, la triste Echo t'apprend qu'il ne vit plus.

Hélas! à ta douleur qui n'eût donné des larmes,
Quand tu vis Adonis, l'objet de tes allarmes,
Adonis, ton amant, Adonis ton époux,
Sur l'arène étendu, percé de tristes coups?
Tu lui tendais les bras; ta voix plaintive
Rappelait, mais en vain, son ame fugitive.
« Arrête, cher amant! me fuis-tu pour toujours?
Te perdrais-je, Adonis? Adonis, mes amours!
Reçois du moins avant ce baiser plein de flamme;
Laisse-moi recueillir les restes de ton ame.
Reviens, cher Adonis, et, par un tendre effort,
Mêle encore un soupir à ce dernier transport.
La bouche sur ta bouche, et l'œil sur ta paupière,
Ton ame dans mon cœur volera toute entière.
Dans tes soupirs mourants je confondrai mes feux;
Je vivrai malheureuse et tu mourras heureux.
O baisers précieux! ô volupté suprême!
Ils vivront dans mon cœur à l'égal de moi-même. »

Enfin aux auteurs de ces ouvrages
bien dignes de la postérité, succédèrent
nombre d'autres qui donnèrent plusieurs
morceaux et autres pièces détachées
qu'on trouve dans l'Anthologie grèque,
où ils nous ont été conservés. Tel est le
suivant sur Laïs, qu'on doit à Antipater
le Sidonien.

« Je la possède cette citoyenne de Co-

4.

rynthe, cette Laïs qui faisait ses délices
de l'or, de la pourpre, des vêtements
les plus somptueux, et surtout de l'amour;
elle qui était plus voluptueuse que Vénus, plus blanche que l'eau transparente
de Pirène ; c'était la Vénus de la terre.
Que d'amants magnifiques ont prodigué
leurs trésors pour ses faveurs, et cueilli
dans ses bras les fleurs du plaisir ! La
fille de Tyndare en eut mille fois moins.
Des parfums émanent de sa tombe. Sa
bouche semble encore imbibée d'une
odeur délicieuse, et ses cheveux exha-
lent l'encens le plus pur. Vénus déso-
lée de sa mort, frappait son front divin,
et l'amour sanglotant poussait les gémissements les plus douloureux. Hélas !
si elle n'eût pas fait un commerce hon-
teux de ses appas, la Grèce aurait vo-
lontiers, pour elle, essuyé les mêmes
travaux qu'elle entreprit pour Hélène. »
La Libation, l'Amant réfléchi, la Situation embarrassante, les Faveurs du som-
-meil d'Agathias et de Méléagre, le Baiser

et les Souhaits d'Asclépiade, l'Amour en-
dormi de Statylius , l'Amant transi ,
l'Amant satisfait de Philodème , sont,
entre plusieurs autres , autant de morceaux marqués au coin du bon genre.

La poésie érotique des Grecs , telle
que nous l'ont transmise les auteurs sur
lesquels jusqu'ici nous avons donné quelques détails , est toute fondée sur les idées
mythologiques qu'ils s'étaient formées
sur la divinité , comme l'étaient toutes
leurs productions en peinture et en sculp-
ture. Ces idées, qui servaient de base au
culte et conséquemment à la croyance
du peuple , avaient eu leur berceau à
Memphis où les philosophes grecs al-
lèrent les y puiser. Épris de la sublime
image d'un dieu créateur et conserva-
teur , dont ils avaient pris quelques connaissances en voyageant chez les Assyriens et les Egyptiens , d'un dieu qui ,
couvant le monde , portait un œil pé-
nétrant dans les espaces les plus éloi-
gnés que devait occuper le produit de

son incubation, ils l'offrirent à leurs contemporains sous les traits majestueux
propres à répondre à sa haute puissance.
Mais ces idées pures furent bientôt souil-
lées par les excès où conduisit l'adula-
tion. Ainsi, partageant les honneurs de
la divinité avec le créateur auquel il
devait son existence, le mortel puissant
et audacieux qui avait favorisé les vices
de ceux qu'il gouvernait, fut placé dans
l'olympe avec des foudres qui portaient
l'épouvante sur le faible. Celui qui af-
fronta la mer en courroux pour aller
porter au loin la destruction, fut Nep-
tune. L'homme qui forgea au feu de ses
ardents fourneaux le javelot de la mort,
fut le dieu des enfers ; le soldat qui le
premier le lança pour le malheur des
humains, fut l'impitoyable Mars. Le rusé
dont les fourberies furent utiles au puissant qui sut les employer, fut le mes-
sager aux talonnières d'or. La divinité
qui vint adoucir le sort des mortels par
le bienfait des arts et des sciences, fut

celle qu'on nomma Minerve. Enfin, la
courtisane qui passa pour faire éprouver les plus brulantes jouissances, fut
la voluptueuse Vénus. Les premiers
pères de la mythologie ne s'en tinrent
pas à ces idées premières ; ils lièrent
bientôt ces divinités par un intérêt mu-
tuel et leur firent tenir leur assemblée
dans les cieux. En se rendant au lieu
de leur juridiction , elles visitaient les
habitants de la terre dont elles ne dédai-
gnaient point l'encens, encore moins les
caresses : de là cette lignée de déités su-
balternes ou demi-dieux qui , suivant
l'exemple de leurs procréateurs, offrirent une suite de faits d'autant plus brillants dans leur histoire , que les poètes
d'alors les revêtaient à l'envi des riches
ornements de leur féconde imagination.

La belle Erato, l'aimable muse à qui
l'on doit tout ce que les poètes grecs
ont dit sur les douces affections du cœur,
commençait à se déplaire chez un peuple
où elle ne trouvait plus cette tranquillité

propre à nourrir ses tendres inspirations.
L'Ionie et les autres colonies grèques
avaient été ravagées par les Mèdes et
les Perses ; déjà ces derniers avaient
affronté la périlleuse barrière que l'Égée
mettait entre eux et leurs ennemis, pour
les attaquer par les moyens de destruction que leur suggérait la haine. Chaque
canton de la Grèce, tout occupé de sa
conservation, fournissait une force armée
pour repousser l'ennemi qui ramenait
avec opiniâtreté ses armes meurtrières,
dès qu'il avait repris une nouvelle force.
Était-on en sûreté à l'extérieur, les guer-
res qui s'élevaient entre les petites ré-
publiques du territoire commun, sur une
haine ineffaçable de rivalité, faisait for-
ger de nouvelles armes destinées à la
destruction.

Déjà les Romains envieux de soumettre un peuple guerrier sur qui s'étaient
épuisés les efforts des dominateurs de
l'Asie, harcelaient de toutes parts leurs
flottes et leurs frontières. Le fort com-

mençait à opprimer le faible, sans qu'aucune puissance alliée n'aidât à repousser
les attaques de l'agresseur. Dans ces temps
on n'avait point encore établi entre le
pouvoir de chaque peuple, aucune ba-
lance qui, maintenant l'existence de
chacun, rendait chacun responsable des
attaques d'un gouvernement trop re-
muant et avide de conquêtes.

On combattait pour asservir et non
pour maintenir son existence dans la
conservation de ses droits. Déjà la Bri-
tannie, l'Ibérie, les Gaules, la Ger-
manie, l'Égypte, la Numidie pouvaient
être regardées comme provinces romaines, et la Grèce à peine avait reçu
quelques atteintes, lorsqu'enfin Athènes
fut prise par Sylla, et bientôt cette contrée céda elle-même au pouvoir d'un
vainqueur si redoutable. Ainsi les Grecs,
tombant sous le joug d'un peuple fort
de sa sobriété, éprouvèrent à leur tour
le sort des Perses et des Mèdes qu'ils
avaient tant de fois vaincus. Aimable

contrée qui produisis tant de sages , de héros , de savants et d'artistes en tout genre , tu disparus de même qu'un songe, laissant aux philosophes voyageurs les monuments de ton sol, qui indiquent encore quelle fut autrefois ta gloire ! Mais la Grèce , sous le pouvoir de son plus cruel ennemi , n'en fut pas moins victorieuse dans les fers. Ce que la force ne put faire sur les aigles romaines , les arts , les sciences et la poésie l'effectuèrent sur ces cœurs endurcis aux combats. N'ayant plus de peuples à dompter, les Romains, dans leurs propres murs, cédèrent à leur tour au pouvoir des Grecs qui passèrent à Rome pour y vivre de leur industrie. Cette industrie s'étendait sur tout ; c'était le caractère de la nation qui , transplantée dans les pays étrangers , tentait tous les moyens pour améliorer son existence. Aussi à cet égard Juvenal disait-il :

. . . . *Quemvis hominem secum attulit ad nos ,*
Grammaticus , rhetor , geometres , pictor , aliptes ,

Augur, schœnobates , medicus , magus , omnia novit.
Grœculus esuriens, in cœlum, jusseris, ibit.
Ad summum non Maurus erat, nec Sarmata, nec Thrax
Qui sumpsit pennas , mediis sed natus Athenis.

Déjà les grands ouvrages de cette nation étaient connus à Rome : la langue
grèque entrait dans le plan de l'éducation
comme naguère ici la latine. Avant même
que la contrée où elle se parlait, fût
soumise , la jeunesse allait y perfectionner son éducation dans tous les genres. On ne doit point s'étonner que les
Romains qui, jusque là , n'avaient connu que l'art de conquérir, pensant enfin
à jouir, se tournassent vers les Grecs
pour en obtenir les moyens. Deman-
daient-ils des monuments qui éternisas-
sent leur gloire, Sparte , Athènes et Co-
rynthe leur en offraient les plus beaux
modèles , et des artistes grecs passaient
chez eux pour les leur élever. Voulaient-ils des images de leurs dieux , de
leurs héros, pour soumettre aux yeux
les objets de leur croyance et les auteurs

de leur gloire, les successeurs des Phy-
dias, des Apelles les faisaient vivre sur
le marbre ou sur la toile. La mythologie
de ces anciens, ajustée aux idées religieuses de leurs vainqueurs, devint un
moyen de nourrir la poésie pour ceux
des Romains, qui, dès lors s'y adon-
nèrent. Insensiblement à l'âpreté de caractère qui constitue le soldat, succédait
la politesse et l'urbanité, qui suivent toujours le repos des armes. L'ame d'Em-
pédocle passa chez Lucrèce ; Virgile
évoqua tour à tour celles d'Homère ,
d'Hésiode et de Théocrite ; dans Va-
rius et Pacuvius on vit renaître Eschyle,
Sophocle et Eurypide. Sapho, Mimnerme
et Philétas reparurent dans Catulle ,
Ovide , Gallus , Properce et Tibulle.
Horace rappela et soutint la gloire que
lui avaient transmise Alcman , Alcée,
Stésichore , Pindare, et l'aimable Anacréon. Ainsi les successeurs , travaillant
sur les meilleurs modèles, nous ont laissé
des chef-d'œuvres qui nous dédommagent

en quelque façon des modèles disparus
du temple de Mémoire.

Insensiblement aussi la langue se formait en s'enrichissant des termes les
plus propres à faire valoir la nouvelle
direction que prenaient les opinions
et les mœurs. Ce mélange rude et gro-
tesque de Celte, de Pélasge et d'Etrusque
fit place à un style choisi , épuré et figuré , que les auteurs et les orateurs prenaient des Grecs à mesure que les rapports se formaient et se consolidaient
entre les deux nations. Enfin , ceux qui
partout avaient eu des armes victorieuses,
voulurent avoir un langage mâle et aussi
brillant que leurs victoires , et ils réus-
sirent complettement , comme le prouve
l'emploi qu'on en fit et qu'on en fait encore
aujourd'hui dans les universités savantes
de l'Europe , depuis si long-temps qu'ils
sont anéantis sous le sol qui les vit naître.

Ennius commença par fouiller la
mine et la dégager de sa gangue. Lu-

crèce et Plaute la mirent au lavoir pour
la dégager de toute matière qui lui était
étrangère, et enfin Térence, Virgile,
Horace et Cicéron la soumirent au creu-
set pour en tirer le métal tout brillant et
digne de l'attention des hommes, au temps
d'Auguste, où la langue était la plus pure.

La langue était alors si différente de
ce qu'elle fut dans son origine, que
les prêtres, dit Quintilien, entendaient
à peine les hymnes que leurs ancêtres
avaient composées à Rome, pour être
chantées dans les temples et les cérémonies religieuses. Néanmoins si les Romains reçurent des Grecs un grand nombre de mots, et s'ils prirent les Athéniens
pour modèle dans l'art de les coordonner,
ce ne fut pas sans quelques altérations
fondées sur le génie et le caractère de
deux nations si dissemblables. En vain
l'oreille demandait à Rome les inflexions
douces et sonores que donnaient les
nombreuses voyelles au langage qui se
parlait dans l'Attique ; en vain elle at-

tendait l'abondance , la mélodie unies à
la hardiesse des figures ; la pompe du
style , pour répondre à la gloire des
conquérants, voilà tout ce qui les dédom-
mageait dans les changemenis qu'éprou-
va leur langue première. Mais insensiblement cette langue parvint à un assez haut
degré de perfection dans les siècles suivants pour mériter encore des hommages.
Les grammairiens qui enseignèrent la
jeunesse , insistaient sur la propriété de
chaque lettre , sur la prononciation de diverses syllabes. Ils faisaient sentir à leurs
élèves les agréments de la consonance,
et assortissant les mots , les rapprochant
ou les désunissant , ils leur faisaient
voir la valeur des sons , le rhythme, la
modulation et tout ce qui a rapport à
l'harmonie imitative. On trouve la preuve
de tout ce que nous avançons sur ce point,
dans les ouvrages de Cicéron et Quintilien. Ce dernier auteur , malgré toutes
les perfections qu'il a voulu répandre
sur sa langue, avoue cependant que ses

efforts ont été impuissants à l'égard des accents qui ont toujours conservé une rudesse, indice d'une âpreté primitive.

Un autre inconvénient, observe le même auteur, est le manque de noms propres à caractériser certaines choses, de manière que, quand il s'agit de les rendre ; il faut recourir à des métaphores ou à des circonlocutions. Beaucoup aussi n'ont qu'une dénomination, de sorte que quand il s'agit de les rendre, on retombe toujours sur le même nom, ce qui rend le langage vicieux. L'indigence n'est pas si frappante à l'égard des Grecs qui ont plusieurs synonimes, et d'ailleurs divers dialectes infiniment utiles sous le rapport poétique. Néanmoins, cessant toute comparaison, entre la langue des Romains et celle des Grecs, pour nous en tenir aux beautés que la première peut avoir dans son état d'isolement, elle en offre encore infiniment plus que n'en ont les langues vivantes dont elle est la mère. Elle a, dans Virgile, une facilité qui la fait céder à tous les mouvements de l'ame. Energique dans Lucrèce ; elle répond à la sublimité de ses hautes idées. Vive et passionnée dans Catulle, elle inspire le délire d'amour. Tantôt majestueuse, d'autres fois tendre, enjouée ou fine, elle se ploye à toute la délicatesse du sentiment dans Horace. Elle devient spirituelle, fleurie, souvent touchante et féconde dans Ovide, selon les circonstances dont il sait profiter. Elle quitte sa noblesse et sa grandeur dans Properce , pour devenir élégante et polie dans Tibulle. Mâle, ardente et impétueuse, elle éclate dans Juvénal. Elle prend du brillant, de la pompe et une sorte de fierté dans Lucain et Stace. Enfin elle revêt tous les caractères de la simplicité et de la concision dans Phèdre.

Le genre élégiaque, en passant des Grecs aux Latins , amena avec lui la mesure hexamétrique et pentamétrique , dont la marche claudicante imite assez le repos qu'occasionnent le soupir

5

et les interjections dans l'expression de la
douleur à laquelle il fut d'abord consacré. Les Latins, plus hardis que les Grecs,
usèrent fréquemment du droit qu'ils
avaient de faire des transpositions, c'est-
à-dire de déplacer un mot du lieu où
naturellement il devrait être, pour le
ranger ailleurs où il pût faire un effet
plus harmonieux. Ces transpositions, en
rendant le vers plus gracieux, lui donnaient en même temps plus de force,
rendaient sa marche plus aisée, et donnaient aux images un coloris plus agréable
en variant les sons et les rendant plus
moëleux. Les poëtes latins qui soignèrent
leur style, portèrent une attention toute
particulière à ce que les Grecs nom-
maient le rhythme et qu'eux désignèrent
sous la dénomination de *numerus*. Il
résultait d'un mélange savamment fait
des syllabes brèves et longues, de manière
à former le meilleur effet avec l'idée
qu'offrait le sujet. Ainsi, en rendant le
vers sonore, le rhythme animait l'objet

qu'on voulait peindre , en lui donnant pour ainsi dire le sentiment.

Catulle fut le premier des poètes connus, qui, sur le Parnasse, chercha des roses pour en faire hommage à l'Amour et à sa mère. Il se distingua dès son coup d'essai. Aussi :

Les traits de son heureux pinceau
Plairont toujours, et, de races en races,
Vivront gravés dans les fastes des Graces.

Ses tableaux dans le genre érotique, offrent toute la sensibilité d'un cœur fait pour aimer. En s'adressant à la belle dont il reçut les premières atteintes, il lui dit :

Ne vivons que pour aimer ,
Et laissons murmurer la vieillesse ennemie;
Occupons-nous sans cesse , ô ma chère Lesbie,
Du bonheur de nous enflammer.

L'astre qui répand sa lumière
Finit et recommence également son cours ;
Et quand la mort nous frappe, hélas! c'est pour toujours
Qu'elle nous ferme la paupière.

5.

Profitons du jour qui nous luit ;
Donne-moi cent baisers, donne-m'en mille encore:
Confondons-les ensemble, et que l'envie ignore
Le charme heureux qui nous séduit.

Qu'un impénétrable mystère
Jète sur nos plaisirs un voile officieux :
Ils doivent à l'Amour leur prix délicieux;
Que son flambeau seul les éclaire.

Dans nos tendres égarements
Embrassons-nous aux yeux de tout ce qui respire ;
Jaloux de nos baisers, un témoin peut nous nuire
Par les plus noirs enchantements.

Aimer c'est vivre, ô ma Lesbie !
Jurons-nous que nos feux ne s'éteindront jamais ;
Et donnons à l'Amour, jaloux de ses bienfaits,
Tous les moments de notre vie.

Insensiblement la muse de Catulle,
qui ne lui inspirait que de tendres sentiments pour cette Lesbie, devient libre
dans les propos qu'elle lui suggère, lorsqu'il se tourne vers Ipsitille; tant l'amour
perd de sa pureté quand il n'est point
guidé par le sentiment de la modestie
et de la pudeur qui lui donne un si grand

prix ! On est étonné qu'après les char-
mantes dénominations de *meæ deliciæ*,
mei lepores, et autres paroles de douceurs que le poète employe pour obtenir
de cette belle un rendez-vous, la dissua-
dant de sortir, il continue :

> Sed domi maneas, paresque nobis
> Novem continuas fututiones.
> Verum, si quid ages, statim jubeto :
> Nam pransus jaceo, et satur supinus
> Pertundo tunicamque palliumque.

Nous savons, d'après les relations que
l'histoire nous a conservées des mœurs
de Rome, que ces expressions ne choquaient pas les oreilles indulgentes des
dames qui habitaient cette capitale du
monde ; mais la décence qui est de tout
temps et de tout pays, n'en a pas moins
raison de rejeter cette singulière manière d'exprimer l'excès de son amour.

Du moment que, sous le joug de l'aimable Érato, Catulle eut parlé un langage aussi grossier, celle-ci, étonnée que

ses divines inspirations eussent un aussi
libre interprète, s'éloigna bientôt de lui
et même de l'Italie, et ce ne fut que
long-temps après qu'elle aborda l'Aqui-
taine pour voler à Gallus qui, alors, vivait à Fréjus. Une traduction d'Eupho-
rion, poète grec lui valut les premiers
regards d'Auguste, et bientôt ce jeune
favori des Muses sortit de l'obscurité.
C'était le moment où le dieu Mars re-
portait des armes désormais inutiles aux
forges de Vulcain, où elles devaient recevoir une nouvelle trempe pour une
guerre suivante. Minerve, toute joyeuse
des avantages que lui allait procurer la
paix, reparaissait avec son cortège de
savants en tout genre, qui, n'ayant vécu
que de privations pendant les troubles,
se félicitaient sur l'essor qu'allait avoir
leur génie. Combien ce prince sut profiter de sa gloire en s'entourant ainsi des
poètes qui pouvaient l'étendre jusques
dans les siècles les plus reculés ! Il fixa
Gallus près de lui, et ses largesses

firent jouir ce jeune élève de cette aisan-
ce si propre à mûrir les fruits du génie.
C'est alors que, nourrissant en son cœur
une douce flamme pour la belle Cy-
théris, affranchie de Volumnius, que Virgile chanta sous le nom de Lycoris, il
composa pour elle, au dire de Servius
le grammairien, quatre livres si subli-
mes, que sa gloire fut à son comble.
La douceur de sa muse lui attira l'amitié
de Virgile qui, dans une de ses éclogues,
le console sur l'inconstance de sa belle.

Il le suppose au milieu des champs,
s'adressant à des bergers près d'un bois
épais :

Pasteurs de l'Arcadie, arbitres des airs tendres,
Bientôt vous donnerez un asyle à mes cendres ;
Mon ombre chez les morts descendra sans regrets,
Si vous éternisez mon nom dans vos forêts.
Hélas! de mon destin que ne suis-je le maître !
Sous vos paisibles toits si le ciel m'eût fait naître,
Je chérirais encor le lieu de mon berceau,
Dans vos champs où l'amour a creusé mon tombeau.

Bientôt l'amant malheureux, emporté

par la violence de son amour , s'écrie :

Que ne puis-je me fuir ! dans les antres des ours
Allons ensévelir et ma flamme et mes jours !
Là , cachant , puisque l'ingrate m'est ravie ,
Le reste infructueux d'une mourante vie ,
Mon cœur de son tourment fera son seul emploi ;
Je chercherai des bois aussi tristes que moi.

Enfin , s'adressant à son ingrate, il lui dit avec vivacité :

Viens, suis-moi, Lycoris... Ah, ciel ! que dis-je encore !
Quel nom m'échappe ! Amour, en vain donc je t'abhorre !
Dieu cruel ! n'est-il plus d'asyle sous les cieux
Qui dérobe mon cœur à tes traits rigoureux !
Par-tout je te retrouve , aux antres des montagnes ,
Sous les drapeaux de Mars, dans la paix des campagnes.
Fuyez ! portez ailleurs vos charmes superflus :
Bergers, chasseurs, guerriers, vous ne me charmez plus.

Après avoir dignement rempli sa tâche dans la carrière des lettres, et s'être distingué sous les étendards de Mars, Gallus, dans la force de son âge, porta sur lui les armes violentes du désespoir , et avec lui disparurent de dessus le Parnasse les fruits d'une muse qui

étaient d'une rare excellence , si l'on
s'en rapporte à Virgile qui l'eut pour
ami et le pleura amérement. On cite
comme de lui quelques morceaux échap-
pés à l'obscurité des temps, notamment
un qu'il adresse à sa Lydie :

« Lydie, belle Lydie ! toi qui es plus
blanche que le lait , que le lis qui s'en-
trouvre dans nos parterres , que l'ivoire
de l'Inde , et même plus que la rose
blanche; plus rose que la rose pourprée ;
oh ! étale-moi ces beaux cheveux blonds,
aussi brillants que l'or peut l'être ; mon-
tre-moi ce beau cou si bien placé sur
tes épaules de neige ; ne me cache point
ces beaux yeux qui brillent comme deux
étoiles sous l'arc de tes deux sourcils noirs;
que je les voye ces joues de roses où
semble s'étendre le pourpre de Sidon ;
tends-moi tes lèvres, tes lèvres couleur
de corail; donne-moi ces baisers de colombe , et avec eux pompe toute mon
ame. Comme ils pénètrent bien mon
cœur, tes doux baisers ! C'est le plus pur
de mon sang qu'ils attirent. Voudrais-

tu me cacher ces deux pommes d'albâtre et leur joli bouton, d'où jaillit ce lait du délice ; c'est le parfum le plus pur de la myrrhe que ton sein exhale. Cache-le donc ce sein dont la blancheur m'irrite, dont la neige divine m'enchante. Cruelle ! ne vois-tu pas combien je languis ; eh bien ! c'est donc à demi-mort que tu m'abandonnes !»

Le Parnasse était inconsolable de la perte qu'il avait faite, quand Apollon, compatissant à sa juste douleur, regarda avec encore plus de complaisance Virgile qui s'offrait pour l'en dédommager. Si l'histoire est silencieuse sur les amours de cet illustre poète, en doit-on conclure qu'il eut un cœur impénétrable aux flèches du fils de Vénus, dont lui-même reconnaît le pouvoir dans le passage suivant de ses Géorgiques, tel que Delille nous l'a rendu ?

Amour ! tout sent tes feux, tout se livre à ta rage,
Tout, et l'homme qui pense et la brute sauvage,

Et le peuple des eaux et l'habitant des airs.
Amour ! tu fais rugir les monstres des déserts ;
Alors, battant ses flancs , la lionne inhumaine
Quitte ses lionceaux et rode dans la plaine.
C'est alors que, brûlant pour d'informes appas,
Le noir peuple des ours sème au loin le trépas.

Continuant ses preuves, il en vient à
l'homme et dit :

Que n'ose un jeune amant qu'un feu brûlant dévore !
L'insensé, pour jouir de l'objet qu'il adore,
La nuit, au bruit des vents, aux lueurs de l'éclair,
Seul, traverse à la nage une orageuse mer.
Il n'entend ni les cieux qui grondent sur sa tête,
Ni le bruit des rochers battus par la tempête,
Ni ses tristes parents de douleur éperdus,
Ni son amante , hélas ! qui meurt s'il ne vit plus.

Peut-on faire si bien parler à Didon
le langage passionné de Cythère , et être
soi - même étranger à ses douceurs ?
Quelles vives images dans le tableau
qu'il peint des amours de cette reine de
Carthage et du fils aîné de Vénus ! quelles nuances dans les couleurs , dans leur
cours , et quelles forces n'ont-elles pas

quand il en manifeste toute la violence
au moment où elle croit le perdre ?

Mene fugis? per ego has lacrymas, dextramque tuam, te,
Quando aliud mihi jam miseræ nihil ipsa reliqui,
Per connubia nostra, per incœptos hymenœos,
Si bene quid de te merui, fuit aut tibi quidquam
Dulce meum, miserere domûs labentis, et istam,
Oro, si quis adhuc precibus locus, exue mentem.

Elle termine par un desir bien naturel à une véritable amante :

. . . . Si quis mihi parvulus aula
Luderet Æneas, qui te tantum ore referret,
Non equidem omnino capta aut deserta viderer.

Boileau a traduit ce morceau comme
il suit :

Est-ce moi que tu fuis ? ah, cruel ! par ces larmes
Qui purent tant sur toi, quand j'eus pour toi des charmes;
Par ces doux entretiens, sources de nos plaisirs ;
Par ces embrassements si chers à nos desirs ;
Vois le funeste état de mon ame fidelle,
Pour qui tout est perdu si tu n'es plus pour elle.
Cher prince, puisqu'enfin le tendre nom d'époux
N'a plus rien pour ton cœur de touchant ni de doux,

Peux-tu voir ce qu'endure une amante éplorée?
Et peux-tu sans frémir voir ma mort assurée?
Encor si dans l'excès de mes vives douleurs
Tu me laissais un fils pour essuyer mes pleurs,
Je me consolerais en voyant ton image.
. . . . , ...
D'un malheureux hymen ce gage précieux
Charmerait mes ennuis, et flatterait mes yeux.

Virgile né pour voler au temple de la gloire, après avoir composé son quatrième livre de l'Enéide, laissait à Tibulle la guirlande de roses que lui avait donnée la muse des amours. Celui-ci, favorisé de la nature, par sa taille et sa figure, et jouissant d'une assez grande fortune, ne put que trouver un accès facile chez les belles romaines, dont les fibres du cœur vibraient déjà sous la touche sensible qu'il avait su leur imprimer. Les poètes de la cour d'Auguste, loin de l'écarter, comme de nos jours, c'est assez l'usage, l'accueillirent et le firent jouir des faveurs du prince.

Pendant que Virgile, continuant sa marche, disposait et récitait à ses amis

tout ce que Calliope lui dictait sur l'histoire
de la superbe Rome et les divers destins
de ceux qui la fondèrent, Tibulle écrivait
celle de son cœur et les douces commu-
nications de son ame à celles des belles
qui , tour à tour , s'en emparaient.
La délicatesse , la douceur et les graces
de son style , ce moëleux qui épanouit
le cœur et le rend accessible aux plus
doux sentiments d'amour, lui méritèrent
de tous ceux qui les soupirent , le titre
de prince des poètes élégiaques. Figure
gracieuse , esprit fécond , richesse et
art d'en faire un bon usage , ce fut avec
tous ces avantages que la cour d'Auguste
lui fut bientôt ouverte , et avec elle toutes les routes qui conduisent à la gloire
où peut aspirer un favori des Muses.
Livie alors faisait briller des graces qui
excitaient le génie des écrivains d'amour;
la lyre de ceux qui avaient un cœur
sensible , frémissait des douces peines
qu'on éprouve sous le joug qu'on s'im-
pose en allant à Cythère. Ce fut dans

cette circonstance que la belle Délie fit
impression sur notre poète; en lui ju-
rant une constance sincère, il la lui af-
firmait en disant :

Près de toi je soupire, et tu m'entends, Délie,
De prétendre aux honneurs je n'ai pas la folie ;
T'aimer, te le redire est tout ce que je veux.
Si j'étais plus connu, serais-je plus heureux ?
Je voudrais avec toi, toi seule pour compagne,
Suivre à pas lents ces bœufs errants sur la montagne ;
Dans le fond des forêts vivre obscur et caché.
Voudrais-je être sans toi sur la pourpre couché?
Je verrais revenir l'astre qui nous éclaire,
En baignant de mes pleurs ma couche solitaire.

Non ego laudari curo, mea Delia ; tecum
    Dummodo sim, quæso segnis inersque vocer.
Ipse boves, mea, sim tecum modo, Delia, possim
    Jungere, et in solo pascere monte pecus ;
Et, te dum liceat teneris retinere lacertis,
    Mollis in inculta sit mihi somnus humo !
Quid Tyrio recubare toro sine amore secundo
    Prodest, cum fletu nox vigilanda venit ?

Puissé-je, ma Délie, à mon heure dernière,
En te nommant rouvrir ma mourante paupière!
De mes jours presqu'éteints rallume le flambeau :
Heureux quand je descends dans la nuit du tombeau,

Heureux d'entendre encor la voix de mon amante,
De retrouver sa main dans ma main défaillante !

Te spectem suprema mihi cum venerit hora,
Te teneam moriens deficiente manu.

Tout est sentiment dans ce morceau, mais de ce tendre sentiment qui fond l'ame dans son expression. Qui aurait pu croire que celui qui l'éprouvait eût sitôt volé dans les bras d'une autre belle, et se la fût rendue attentive par le langage suivant ? Oh ! disait-il à sa Némésis :

Oh, que vous m'êtes chère !
Oh, que mon esclavage est doux !
Non, n'appréhendez point qu'aucune autre que vous
Puisse jamais me plaire.
Nulle autre beauté sous les cieux,
Nulle autre grace ne m'enchante :
Plût au ciel qu'à moi seul vous parussiez charmante,
Comme vous êtes seule adorable à mes yeux !
Je n'ai point la folle manie
De ne me croire heureux qu'en excitant l'envie :
Oh ! puisse mon bonheur des mortels ignoré,
N'être que de moi seul et des dieux admiré !
Que la forêt la plus affreuse
Serait pour moi délicieuse,

Que j'en aimerais le séjour,
Si, trouvant en nous deux toutes nos destinées,
Nous y pouvions ensemble achever nos années
Sans autre témoin que l'Amour !

Nulla tuum nobis subducet femina lectum ;
  Hoc primum junctâ est fœdere nostrâ Venus.
Tu modo sola places, nec jam, te præter, in urbe
  Formosa est oculis ulla puella meis.
Atque utinam possis uni mihi bella videri !
  Displiceas aliis ! Sic ego tutus ero.
Nil opus invidia est : procul absit gloria vulgi ;
  Qui sapit in tacito gaudeat ille sinu.
Sic ego secretis possim bene vivere silvis,
  Quâ nulla humano sit via trita pede.

Un sujet digne de l'Albane, est le
suivant; il se représente à Messala comme passant du séjour des vivants à celui
de ceux qui ne sont plus, et il continue
en disant : « comme j'ai été un adora-
teur constant du tendre Amour, Vénus elle-même me conduira vers les
Champs Élysées. Là d'éternels concerts,
d'éternelles danses s'exécutent aux doux
chants des oiseaux mélodieux. Là, sans
culture, croît la canelle odorante, et la
terre féconde s'y couvre de roses par-

fumées qui ont toujours la même fraîcheur. Des chœurs de jeunes garçons se
mêlent aux chœurs des jeunes filles dans
la primeur de l'âge, et l'Amour ne cesse de les animer à de doux combats.
C'est sur ce rivage qu'errent ceux qui
meurent en aimant ; ils sont distingués
des autres par une couronne de myrte
dont leur tête est parée :

Sed me, quod facilis tenero sim semper Amori,
　Ipsa Venus campos ducet in Elysios.
Hic choreæ cantusque vigent, passimque vagantes
　Dulce sonant tenui gutture carmen aves.
Fert casiam non culta seges, totosque per agros
　Floret odoratis terra benigna rosis ;
Ac juvenum series teneris immista puellis
　Ludit et assidue prælia miscet Amor.
Illic est cuicumque rapax mors venit amanti,
　Et gerit insigni myrtea serta coma.

　Notre aimable poète, expert dans l'art
de subjuguer le cœur des belles, donne
un conseil dont on ne saurait trop faire
usage dans les essais qu'on tente pour les
fléchir, c'est de persévérer dans les hommages qu'on leur porte :

. . . . . Obsequio plurima vicit amor.
Sed te ne capiant primo si forte negabit,
Tædia paulatim sub juga colla dabit.
Longa dies hominem docuit parere leones ;
Longa dies molli saxa peredit aqua.

Quinault a imité ces beaux vers comme
il suit :

> La beauté la plus sévère
> Prend pitié d'un long tourment,
> Et l'amant qui persévère
> Devient un heureux amant.
> Tout est doux et rien ne coûte
> Pour un cœur qu'on veut toucher ;
> L'onde se fraye une route
> En s'efforçant d'en chercher ;
> L'eau qui tombe goutte à goutte
> Perce le plus dur rocher.

Si Érato se plaisait à récompenser Tibulle par des largesses qui, sous sa plume,
offraient tant de charmes , elle n'en venait pas moins , de temps , à autre subs-
tituer à la lyre dont Horace savait si
bien toucher les cordes , le luth qu'elle
entendait avec plaisir vibrer moëleuse-
ment sous ses doigts. Ce poëte une fois

6.

résolu à monter au Parnasse , ne voulut point , pour y arriver , laisser un chemin sans l'avoir tenté. Rousseau , à cet égard , s'expliquant sur lui , dit :

. . . .
Le seul Horace en tous genres excelle,
De Cythérée exalte les faveurs,
Chante les dieux , les héros, les buveurs ;
Des sots auteurs berne les vers ineptes,
Nous instruisant par gracieux préceptes,
Et par sermons de joie antidotés.

Une verve décidément poétique, une finesse dans l'esprit , un tact délicat , fruit du meilleur goût , telles furent les qualités qui lui donnèrent accès chez Mécène et auprès d'Auguste, vrais connaisseurs en ce genre. Claudien disait :

Gaudet enim virtus testes sibi jungere Musas,
Carmen amat quisquis carmine digna gerit.

Rousseau , dans son ode au prince Eugène , traduisait ainsi ce passage :

C'est aux grands hommes seuls à sentir le mérite
D'un art qui ressuscite
L'héroïque vertu des grands hommes comme eux.

Les opinions d'Horace qui sympathi-
saient avec les principes de Mécène,
ne contribuèrent pas peu à serrer les
liens de leur amitié. Le systême d'Épi-
cure en était la base, c'est ce que lui-
même donne à entendre lorsqu'il écrit
à Tibulle :

Me pinguem et nitidum curata cute revises,
Cum ridere voles Epicuri de grege porcum.

Sectateurs de ce systême souvent le
protecteur et le favori dégagés de tout
soin, parfumés d'essence et couronnés
de roses et de myrte, passaient une
partie de la nuit couchés près d'une table bien servie, perdant tour à tour la
raison en caressant leurs belles et vui-
dant leurs coupes. Horace, quoiqu'aimant le plaisir et donnant quelques moments à la volupté, ne s'y livrait pas
de manière à troubler sa tranquillité.
Connaissant les écarts où peuvent jeter
les passions qu'on ne soumet à aucun
frein, il se gardait d'en devenir l'es-

clave. Le plaisir pour lui était une rose
qu'il faut laisser sur sa tige , si l'on veut
jouir de sa beauté et en savourer l'agréable odeur. Mais en vain il appelait à lui la
philosophie , c'est-à-dire la raison , la
mère de l'Amour ne l'en force que plus
à se ranger sous son empire. Écoutons-
le à ce sujet sur la manière dont il s'exprime par son agréable interprète , M.
Daru , lorsque dans sa dix-neuvième ode,
Mater sæva Cupidinum, s'adressant à
Glycère , il lui dit :

La cruelle mère des Jeux ,
Le fils de Sémélé, la licence folâtre,
De mon cœur raniment les feux.
Je brûle pour Ephyre à la gorge d'albâtre,
Qui ternit de Paros les marbres orgueilleux.
Je brûle pour la jeune Ephyre,
J'adore la gaîté qui brille dans ses yeux,
Même son dangereux sourire.
Vénus quittant ses bords chéris ,
Fond sur moi toute entière et défend à ma lyre
De chanter nos fiers ennemis,
Et tout ce qui n'est pas soumis à son empire.
Esclaves, apportez le vin vieux et l'encens,
Parez cet autel de verveine ,

Peut-être que Vénus, sensible à nos présents,
  Se montrera moins inhumaine.

Comme il sait peindre sous différentes nuances les dangers où s'expose un jeune imprudent qui va s'hasarder sous le joug d'une coquette dont il s'est soustrait! C'est ce qu'on observe dans l'ode, *Quis multa gracilis te, puer, in rosa, etc* :

Quel est ce jeune amant à la tresse odorante,
Pyrrha, qui, dans le fond d'une grotte charmante,
Sur un tapis de fleurs vous presse dans ses bras?
Pour lui vous relevez cette boucle flottante,
Pour lui vous affectez, en ornant vos appas,
    Une négligence élégante.

Hélas! qu'il va pleurer, quand, trahi par les dieux,
Abandonné de vous et battu par l'orage,
Pour la première fois il verra le naufrage!
Lui, qui, trop jeune encore et déjà trop heureux,
Pense vous voir toujours favorable à ses vœux,
    Toujours tendre et jamais volage !

Malheureux le mortel de vos charmes épris
Qui vous crut un instant sincère autant que belle!
J'en fis moi-même, hélas! une épreuve cruelle.
Mais par mes vœux enfin les cieux furent fléchis,
Et j'ai de mon vaisseau consacré les débris
    Au dieu de cette onde infidelle.

Encore un malheureux ; et combien
il est rare de parler d'un personnage
qui, par ses vers, ait abordé le temple
de Mémoire sans réveiller le souvenir
des misères qui accompagnèrent le commencement de sa vie et souvent sa vie
entière !

Il s'agit ici de Properce, dont le père,
prisonnier à la bataille d'Actium , et
du nombre des victimes immolées au
pied de l'autel de Jules César , n'ouvrait pas au fils la carrière du bonheur.

Long-temps ses tristes yeux dans un âge encor tendre
D'un père malheureux arrosèrent la cendre.
Depuis ce temps fatal, temps si rempli d'horreurs ,
Il vit ses jours suivis d'immortelles douleurs.

Il quitta l'Ombrie où il vivait dans la
misère , vint à Rome , n'ayant pour re-
commandation que son génie qui lui
concilia des amis , des protecteurs. Le
genre élégiaque lui donna accès vers
Auguste qui , par politique , captivait les
organes de la Renommée , et forçait,

par ses bienfaits , les Muses à soutenir
la tyrannie par laquelle il régnait. Mécène, tout occupé à donner des flat-
teurs à son maître , ouvrit la source
des graces à ce jeune poète qu'il croyait
très-propre à chanter ses louanges. Il lui
montrait Auguste et ses hauts faits comme matière de l'Epopée à laquelle il lui
conseillait de se livrer ; mais Erato, plus
attrayante à ses yeux que Melpomène ,
lui monta le luth de Cythère et la lyre
fut oubliée. Soupirant aux pieds de Cynthie, il écrivait les vers que lui inspiraient
ses charmes. Aucun de ses ouvrages ne
paraissait en public qu'il n'eut été lu à
cette belle. Considérée par ses talents ai-
mables et son bon goût en fait de poésie,
elle le jugeait avec la plus grande rigueur.
Le moyen de mériter son suffrage était le
genre doucereux qu'indiquait la volupté ;
aussi le poète en contracta-t-il cette
langueur touchante entremêlée de vives
émotions qui ramenaient son ame de la
mélancolie où elle tombait souvent. On

ne peut avoir la preuve de ce que nous
avançons, qu'autant qu'on lit plusieurs
élégies de suite , et souvent même on
la trouve dans une seule , où dans le
commencement il embouche la trompette
héroïque qu'il quitte vers la fin , pour
unir aux accents du luth ses chants vo-
lupteux. Properce , au milieu des jouissances que lui prodiguait sa belle , était
loin d'être heureux. En buvant à la coupe
de la volupté qu'elle lui offrait , il humait
le noir poison de la jalousie dont son cœur
se nourissait ; aussi exhalait-il souvent
des gémissements plutôt que des soupirs.

Me juvenum facies pictæ, me nomina lædunt,
  Me tenet in cunis et sine voce puer.
Me lædet si multa tibi dabit oscula mater,
  Me soror et cum qua dormis amica simul.
Omnia me lædunt ; timidus sum, ignosce timori,
  Et miser in tunica suspicor esse virum.

Il est vrai que cette Cynthie lui fut
infidèle ; mais c'est à cette inconstante
qu'on doit l'essor de la fougue poétique
pendant laquelle l'auteur composa des

morceaux pleins de feux , dont , sans
cette circonstance , on n'aurait eu aucune notion. D'ailleurs ces petites erreurs d'amour , dans lesquelles le sexe
tombe si souvent, deviènent à l'amant un
aiguillon propre à ranimer un feu qui ,
sans cette circonstance , pourrait s'éteindre par la trop longue continuité de
bonheur.

Le style de Properce demande à être
étudié , à raison de beaucoup de mots
qui ont une acception particulière à ce
poète. Il abonde en métaphores, et même
quelques fois il en abuse ; il est vrai que
souvent la passion les exige , et qu'elles
viènent spontanément pour suppléer le
défaut du langage qui ne peut alors suffire à exprimer toutes les nuances de
l'affection. Ainsi, en cherchant à employer toutes les couleurs, il parvient tellement à peindre , que les produits de
son imagination semblent en quelque
manière prendre les apparences cor-
porelles. Il a aussi une tournure dans

son mètre, difficile à être entendue de
ceux qui sont accoutumés à la diction de
Virgile et d'Ovide; mais une fois qu'on s'y
est habitué, son style a toute la clarté que
comportent ses idées. Cette tournure n'a
rien de comparable à l'expression grèque, telle qu'on la trouve dans Horace
et Catulle ; comme elle est latine, elle dérive du mécanisme de la langue, qui,
souvent n'étant pas connu, fait reporter
sur le poète un défaut qu'on devrait plutôt rapporter à l'ignorance où l'on est
sur elle.

La coordination des mots varie sin-
gulièrement chez ce poète, d'où il suit
que quand on est venu à bout des difficultés qu'offre un distique, il faut s'attendre à d'autres dans un ou deux qui
lui succèdent, ce qui fatigue l'attention
et lasse la patience. A ces difficultés qui
dérivent de la phrase, si l'on ajoute
celle qu'y mêlent les notions mythologiques, les usages de l'ancienne Rome
que l'auteur adopte, on aura une nou-

velle cause de l'obscurité dont on l'a
trop souvent taxé.

Properce excella dans le genre descriptif , par le choix d'expressions qui
exposent ses idées au plus beau jour,
sans les noyer dans une multitude de
mots qui n'ajoutent rien à la clarté. Rien
de plus frais et de plus simple en même
temps que ce qu'il dit de l'enlèvement
d'Hylas le favori d'Hercule. L'élégie
est adressée à Gallus ; il lui conseille ,
pour conserver celui qu'il aime , de
se garder des surprises des Nymphes;
et à ce sujet il amène Hylas dans un
antre au pied du Mont Argante. « Là
est une fontaine chérie des Nymphes
de Bithynie. Les arbres qui la couron-
nent, offrent sans culture des fruits délicieux qu'a muris la saison; ses bords
sont émaillés d'un gazon toujours frais
où le rouge pavot le dispute à l'éclat
du lis éblouissant. Le jeune Hylas oublie
d'abord ce qui l'attire en ce lieu. Il cueille
les fleurs d'une main enfantine, puis se
courbant sur l'onde transparente, il s'y

contemple imprudemment. La beauté
de son image le tient long - temps sus-
pendu dans la même altitude. Il se couche enfin au bord de la fontaine , il y
plonge ses deux mains et s'y désaltère.
Frappées de sa beauté dont la vue les
enflamme , les Nymphes ont interrompu
leurs jeux pour se saisir d'Hylas qu'elles
entraînent insensiblement dans leurs
demeures liquides. Un cri perçant accompagne sa chute. Hercule entend
ce cri qu'il ne cesse de répéter. Les
échos des fontaines font retentir le nom
d'Hylas. »

Hic erat Arganti pege sub vertice montis ,
   Grata domus nymphis humida Thyniacis :
Quam supra nulli pendebant debita curæ
   Roscida desertis poma sub arboribus.
Et circum irriguo surgebant lilia prato
   Candida , purpureis mista papaveribus.
Quæ modo decerpens tenero pueriliter ungui
   Proposito florem prætulit officio ,
Et modo formosis incumbens nescius undis ,
   Errorem blandis tardat imaginibus.
Tandem haurire parat demissis flumina palmis.
   Innixus dextro plena trahens humero.
Cujus ut accensæ Dryades candore puellæ
   Miratæ solitos destituere choros ,

Prolapsum leviter facili traxere liquore.
Tunc sonitum rapto corpore fecit Hylas.
Cui procul Alcides iterat responsa, sed illi
Nomen ab extremis fontibus aura refert.

S'il est un morceau propre à caractériser la brûlante ivresse de l'amour,
c'est sans contredit celui qu'offre l'élégie suivante, écrite avec toute la chaleur
et la pureté du sentiment :

O me felicem ! nox o mihi candida ! et o tu
Lectule deliciis factæ beate meis !
Quam multa apposita narramus verba lucerna,
Quantaque sublato lumine rixa fuit !
Nam modo nudatis mecum est luctata papillis,
Interdum tunica duxit operta moram.
Illa meos somno lassos patefecit ocellos
Ore suo, et dixit siccine, lente, jaces ?
Quam vario amplexu mutamus brachia, quantum
Oscula sunt labris nostra morata tuis.
Non juvat in cæco Venerem corrumpere motu ;
Si nescis, oculi sunt in amore duces.

Le poëte voulant jouir de tous les
charmes de sa belle, cherche à vaincre
sa modestie par des exemples qui pa-

raissent ne faire aucune impression sur elle , puisqu'il contiuue :

Quod si pertendens animo vestita cubaris
Scissa veste meas experiere manus,
Quinetiam si me ulterius provexerit ira
Ostendes matri brachia lœsa tuœ;

Encore un sujet qui mériterait les couleurs d'un habile artiste, pour être rendu au naturel. Étant sorti, au clair de la lune, d'un repas prolongé bien avant dans la nuit, le poète, couronné de roses, arrive vers sa belle et dépeint son attitude dans les bras de Morphée ; il commence par plusieurs comparaisons prises des personnages de la mythologie, et continue : « Ainsi, sa tête mal appuyée sur ses bras, m'apparut Cynthie perdue dans les douceurs d'un profond sommeil. Je revenais chancelant pour avoir trop fait usage des faveurs de Bacchus ; quelques Amours avaient guidé mes pas de leurs flambeaux qu'ils secouaient de temps à autre pour qu'ils jetassent plus de clarté. Ayant

encore tous mes sens , je cherche à
m'approcher doucement de sa couche.
J'étais poussé également et impérieuse-
ment par l'Amour comme par le dieu
de la treille , à la mieux replacer en
glissant doucement mon bras sous elle,
et ainsi , lui ayant pris quelques baisers, à profiter d'une occasion aussi favorable. Cependant je n'osai troubler le
repos de cette tendre amante, tout craintif sur les reproches que j'avais déjà
mérités. Mes yeux étaient aussi fixement
arrêtés sur elle que ceux d'Argus sur Io,
quand il vit survenir des cornes au front
de cette belle. Tantôt j'ornais sa tête des
fleurs qui couronnaient mon front ; je
me plaisais à relever quelques boucles
de sa chevelure ; par fois je portais une
main furtive sur son sein pour en parcourir le contour. Hélas ! toutes mes
caresses étaient sans effet en ce moment
où elle était toute à un odieux sommeil ;
son sein les reçoit , mais à peine y sont-
elles arrivées qu'elles s'en échappent. »

7

Talis visa mihi mollem spirare quietem ,
   Cynthia non certis nixa caput manibus ;
Ebria cum multo traherem vestigia Baccho ,
   Et quaterent sera nocte facem Pueri.
Hanc ego nondum etiam sensus deperditus omnes ,
   Molliter impresso conor adire toro.
Et quamvis duplici correptum ardore juberent ,
   Hac Amor, hac Liber, durus uterque deus.
Subjecto leviter positum tentare lacerto
   Osculaque admota sumere et arma manu.
Non tamen ausus eram dominæ turbare quietem ,
   Expertæ metuens jurgia sœvitiœ.
Sed sic intentis hœrebam fixus ocellis ,
   Argus ut ignotis cornibus Inachidos.
Et modo solvebam nostra de fronte corollas ,
   Ponebamque tuis, Cynthia, temporibus.
Et modo gaudebam lapsos formare capillos ,
   Nunc furtiva cavis poma dabam manibus :
Omniaque ingrato largibar munera somno ,
   Munera de prono sœpe voluta sinu.

A l'époque où Properce fixait les suffrages des dames romaines , et de tous
ceux qui se plaisent à voyager dans le
riant séjour des Amours :

Ovide, dans ses vers doux et mélodieux,
Avec art débrouillait l'histoire de ses dieux ;
   Trop indulgent au feu de son génie,
   Mais varié, tendre, plein d'harmonie,

Savant, utile, ingénieux, profond,
Riche en un mot, s'il était moins fécond.

Ayant reçu dans ses premières études
à Rome toutes les notions que donne
une bonne éducation, Athènes fut le
lieu où il alla pour les mûrir, et se perfectionner dans une langue qui devait lui
ouvrir un accès aux trésors d'Homère.
A peine était-il rentré dans ses foyers, que
son père lui montra la route brillante des
honneurs et la fortune où menait l'éloquence, mais en vain ; le jeune élève était
destiné à gravir le Parnasse et y trouver
la source des malheurs dont sa vie fut
abreuvée. Il avait beau s'exercer parmi
les jeunes orateurs :

Sponte sua carmen numeros veniebat ad aptos,
Et quod tentabat dicere carmen erat.

Avec une pareille disposition il ne fut
pas long-temps sans avoir Cornelius,
Sabinus et Tibulle pour amis. D'un caractère enjoué, se formant facilement
de nouvelles images et les rendant avec

7.

hardiesse et clarté , il n'en trouvait que
mieux à se lier avec ceux qui s'exer-
çaient dans le même genre que lui; aussi
parle-t-il de Macer , de Ponticus , de Properce et de Battus , comme d'autant de
personnages avec lesquels il avait d'in-
times liaisons. Ovide, jeune et volup-
tueux , fréquentant une cour où tout
résonnait en langage d'amour , monta
bientôt sa lyre au ton qui convenait le
plus à cette circonstance ; et dès lors sa
verve s'échappa en quelques élégies
amoureuses qui , jointes à son esprit et
à sa figure , prévinrent les belles Romaines pour lui. Il fut bientôt récompensé de
ces douces faveurs qui , loin d'éteindre
les desirs , ne font que les irriter. Aussi
en sortant des bras de celle qui allumait
en lui une flamme la plus vive, s'écrie-t-il :

Ah ciel, qu'elle est aimable! ah! la belle maîtresse !
Qu'elle est digne, en effet, de toute ma tendresse !
Mais si cette beauté veut long-temps me charmer,
Il faut qu'elle aime autant qu'elle se fait aimer.
Qu'elle m'aime! eh! comment aurais-je pu lui plaire?
C'est assez qu'elle souffre un amour téméraire ;

C'est assez que Vénus, mère des doux plaisirs,
Lui fasse quelquefois agréer mes soupirs.
Corinne, je vous offre un amant plein de zèle,
Un amant consumé d'une flâme si belle
Qu'il n'est plus à lui-même, et que son dernier jour
Ne peut avec sa vie éteindre son amour.

Justa precor; quæ me nuper prædata puella est,
    Aut amet, aut faciat cur ego semper amem.
Ah nimium volui; tantum patiatur amari :
    Audierit nostras tot Cytherea preces.
Accipe, per longos tibi qui deserviat annos,
    Accipe qui pura norit amare fide.

Cette dernière protestation émut le cœur de la bien-aimée qui lui donna une pleine jouissance de ses charmes les plus cachés. Sa narration sur un tel bonheur, est loin d'être dictée par la passion épurée de l'amour. Il s'amuse à décrire les petites ruses et les combats de sa belle qui joue alors le rôle d'une coquette ; puis au lieu de profiter de l'ardeur où il est censé être, pour confondre sa flamme avec celle dont brûle son amante, il s'arrête comme un froid artiste à considérer les belles proportions de son corps :

Ut stetit ante oculos posito velamine nostros ,
    In toto nusquam corpore menda fuit.
Quos humeros, quales vidi tetigique lacertos!
    Forma papillarum quam fuit apta premi!
Quam castigato planus sub pectore venter!
    Quantum et quale latus! quam juvenile femur!

Que l'on compare le *Pervigilium Vene-ris* de Bonnefons avec ces froids détails, et l'on verra une bien grande différence de style entre ces deux auteurs.

Ovide à qui tout riait sous les éten-dards de l'Amour, crut devoir chanter ce dieu pour le remercier de ses bienfaits :

O nunquam pro me satis indignate Cupido :
    O in corde meo desidiose Puer!
Quid me, qui miles nunquam tua signa reliqui,
    Lœdis, et in castris vulneror ipse tuis ?
Cur tua fax urit, figit tuus arcus amicos ?
    Gloria pugnantes vincere major erat.

On peut voir d'après ces échantillons quel était le langage qu'employait Ovide pour faire connaître sa passion. Les an-tithèses , les saillies , les jeux de mot dont son style abondait , ne pourraient

prouver la sincérité de ses sentiments
aux cœurs qui soupirent le parfait amour.
S'il fait un reproche d'infidélité à la belle,
ce n'est point un amant jaloux et sensible qui s'emporte , c'est un bel esprit
qui accumule les phrases que lui dicte
son imagination pour exhaler ses peines ;
et à travers la douleur et les plaintes
on découvre le poète qui badine avec la
fécondité de sa muse. Le reste coule
avec la même facilité ; les comparaisons
multipliées dans le tableau lui donnent
un coloris qui , en l'avivant, en rend
aussi la vue fatiguante. Le poète mé-
susant de la facilité de son génie , offre
la preuve de la difficulté où il est de
s'arrêter, quand une fois il répond à son
abondance.

Après avoir passé par tous les tracas
d'amour qu'il faut éprouver pour obtenir enfin quelques faveurs qui souvent
ne payent point les peines , l'auteur est
tout glorieux de son succès , et voilà que
par l'abondance de sa verve il fait ar-

river Troie pour donner quelques in-
dices de son bonheur :

Pergama cum caderent bello superata bilustri ,
    Ex tot in Atridis pars quota laudis erat ?
At mea seposita est et ab omni milite discors
    Gloria ; nec titulum muneris alter habet.
Me duce ad hunc voti finem , me milite veni
    Ipse eques , ipse pedes, signifer ipse fui.

Notre auteur qui , dans nombre de
morceaux , s'était montré d'une force
suffisante à parcourir une toute autre
carrière que celle des amours où il se
distinguait , s'enhardit à parcourir celle
des héros et héroïnes qui y avaient joué
quelque rôle ; et c'est à la réunion de
toutes les pièces qu'il composa en ce
genre, qu'on doit le livre d'Héroïdes, où
il dépeint d'une manière la plus convenable à ses personnages les diverses
passions dont ils furent agités dans les
circonstances où il les envisage. Héro
et Léandre, Œnone et Pâris , Didon et
Énée, Sapho et Phaon , Phèdre et Hyp-
polite , sont les victimes d'amour qui,
tour-à-tour, y jouent leur rôle.

La plupart de ces héroïdes offrent de l'intérêt; le style en est vif, assez naturel. On y trouve des longueurs , des redites , et des couleurs trop souvent les mêmes.

Ovide applaudi du sexe léger dont il avait si bien su se concilier les suffrages , élevé à une sorte de célébrité par une partie de l'autre qui , n'ayant que des demi-talents , est porté à en accorder la plénitude à ceux qui partagent leur goût pour la frivolité , allait à grand pas vers le temple de Mémoire, sous les auspices d'Auguste né appréciateur de ceux qui avaient quelques moyens pour y arriver. Déjà pour lui plaire il avait composé ses Fastes , sorte de calendrier où se trouvent indiquées les fêtes et les cérémonies des Romains. Il sut tellement répandre des fleurs sur une matière aussi sèche, que ce travail, chez les connaisseurs, passe pour être sa meilleure production.

A celle-ci succéda son ouvrage qu'il intitula : *Métamorphoses*. On regarde

celui-ci comme le plus correct qui soit sorti
de sa plume. Et à dire vrai, quoiqu'on ne
puisse le considérer comme un poème
épique ni historique, encore moins didactique, présente - t - il cependant des
tableaux intéressants dignes de la main
du maître qui les a dessinés. Il règne
dans les expressions qui offrent l'histoire
des amours des dieux et des hommes,
un pathétique qu'en vain on s'attendrait
à trouver chez d'autres poètes. A cet
égard quoi de plus passionné que l'adresse
de Biblis à Caunus, d'Hercule à Déja-
nire et autres morceaux que le poète a su
placer à propos? On trouve jointe à une
variété de peintures une touche de pinceau qui n'est point affaiblie dans ceux
qui terminent l'ouvrage. Uni dans ses
narrations tendres, touchant dans le
monologue, élevé dans la harangue, le
poète mène son lecteur d'une histoire
à l'autre sans lui offrir aucun vuide.
L'imagination et la grace embellissent
sa diction, et le travail approcherait de

la perfection s'il n'était déparé, par fois,
par un peu de monotonie et quelques
répétitions. Rien de plus majestueux
que la manière dont il s'annonce sur la
formation de l'univers ; rien de plus
noble que le portrait de l'homme qui
est le chef - d'œuvre de son créateur ;
rien de plus achevé que la description
du palais du Soleil : on y trouve réuni
tout ce qu'une imagination vive et brillante peut concevoir, tant du côté des
matériaux que de la manière dont ils ont
été disposés. Mais un genre où le poète
excelle, quand l'occasion de le traiter se
présente, est surtout le passionné. On
en trouve de différentes teintes dans ce
qu'il dit sur Narcisse, sur Pyrame et
Thisbé, et particulièrement sur Salmacis, Biblis et Caunus. Donnons quelques
instants à ces trois derniers personnages.
Biblis, que Caunus son frère aime plus
que ne le comportent les liens du sang,
vient d'avoir ur songe qui l'a offert à elle

dans une circonstance qui lui était la plus
agréable, et s'éveillant aussitôt elle s'écrie :

Malheureuse Biblis ; ah ! que vient m'annoncer
Ce songe?.... Sans rougir puis-je encore y penser ?
S'il allait s'accomplir !.... Ciel, qui punis l'inceste,
Ciel, détourne à jamais ce présage funeste !
Oui, sans doute, Caunus est digne d'être aimé ;
Il ne faut que le voir pour en être charmé.
Si Biblis d'un amant eût eu le choix à faire,
Elle eût choisi Caunus. Faut-il qu'il soit mon frère !
Ah ! pourvu que du moins mon malheureux amour
Ne profane jamais la pureté du jour !
O nuit ! rends-moi souvent, rends-moi ce doux mensonge,
Le songe est sans témoins, et l'on jouit d'un songe.
O Vénus ! ô transports ! ô fortunés moments !
Comme la volupté transporta tous mes sens !
Ils en ont tressailli ! Dans mon ame vaincue
J'ai senti se glisser une joie inconnue.
O douce illusion ! nuit propice à l'amour !
Hélas ! que ne peut-on rêver ainssi le jour.

Me miseram ! tacita quid vult sibi noctis imago,
Quam nolim rata sit ? cur hœc ego somnia vidi ?
Ille quidem est oculis quamvis formosus iniquis :
Et placet, et possum, si non sit frater, amare :
Et me dignus erat. Verum nocet esse sororem.
Dummodo tale nihil vigilans committere tentem,
Sœpe licet simili redeat sub imagine somnus.
Testis abest somno, nec abest imitata voluptas.
Proh Venus ! et tenera volucer cum matre Cupido.

Gaudia quanta tuli ! quam me manifesta libido
Contigit ! ut jacui totis resoluta medullis !

Salmacis était une nymphe du chœur
de Diane, qui, loin de suivre ses com-
pagnes dans les exercices de la chasse,
s'amusait à cueillir des fleurs, à se bai-
gner, à soigner sa chevelure et se mi-
rer dans le cristal des eaux, ne pouvant
s'adonner par la mollesse de son caractère à des occupations plus pénibles.
Jusqu'ici le poète excelle tellement dans
le descriptif, qu'on suit toute la lenteur
des mouvements de cette nymphe in-
dolente. Mais elle voit un bel adoles-
cent, fruit des amours furtifs de Vénus
et de Mercure, qui, sorti de la tutèle
des Nymphes, errait, pour répondre à
ses goûts, à travers les antres et les forêts :

Charmant, il unissait, doux et rare assemblage !
La fleur de l'innocence à la fleur du bel âge ;
Et la nature en lui retardant le desir,
Dérobait à ses sens les secrets du plaisir.

A peine Salmacis peut-elle se contraindre.
Le voir et soupirer, et desirer et craindre,
Ces sentiments divers l'agitent tour à tour.
Ses yeux jadis si doux, étincèlent d'amour ;
Son orgueil inquiet a connu les alarmes ;
Ses avides regards interrogent ses charmes ;
Ce ruisseau qui souvent lui peignit la beauté,
Alors trop peu flatteur, est cent fois consulté.
Elle vole à l'enfant, s'arrête, se retire ;
La frayeur la retient, lorsque l'Amour l'attire.
A travers le feuillage, elle suit tous ses pas,
Desire qu'il approche, et craint son embarras.
Elle s'avance enfin : Bel enfant, lui dit-elle,
Ah ! parlez ! de quel nom faut-il qu'on vous appèle ?
Descendez-vous des cieux pour orner ce séjour ?
Si vous êtes un dieu, c'est le dieu de l'amour ;
Si vous êtes mortel, heureuse la maîtresse
Qui de vous a reçu la première caresse !
Elle voudrait poursuivre ; il se trouble, il rougit ;
Mais son trouble lui sied, sa rougeur l'embellit.
Elle exige de lui cette faveur légère,
Ces baisers qu'à sa sœur peut accorder un frère.
Ah, cessez ! lui dit-il, que vois-je dans vos yeux ?
Cessez ! ou pour jamais j'abandonne ces lieux.
Salmacis en pâlit. Demeurez, je vous laisse,
Demeurez.... Elle fuit alors avec adresse,
Et, derrière un buisson d'où son œil peut le voir,
Elle observe l'instant de remplir son espoir.
Se croyant libre, il vole, erre dans la prairie,
Foule d'un pas léger l'herbe tendre et fleurie ;
Et, dans ces belles eaux qui l'invitent au bain,

Hasarde un pied craintif qu'il retire soudain.
Mais bientôt, abusé par un charme perfide,
Sur ces bords enchantés devenu moins timide,
Il découvre à la nymphe, en quittant ses habits,
La jeunesse en sa fleur prête à donner des fruits.
Sous l'eau qui le reçoit et près de lui frissonne,
Il paraît comme un lis que le verre emprisonne,
Ou comme un bloc d'albâtre où des ciseaux hardis
Ont sculpté d'un beau corps les contours arrondis.
Salmacis en secret dévore tant de charmes ;
Une tendre fureur lui fait verser des larmes ;
Tout, jusqu'à l'air si frais qu'on respire en ces lieux,
Lui paraît autour d'elle embrâsé de ses feux.
Rien ne la retient plus, elle brûle et frissonne ;
Elle ne peut souffrir rien de ce qui l'environne ;
Le voile qui la couvre et pèse à ses desirs,
Détaché de son sein, vole au gré des zéphirs ;
Et son œil, de sa flamme éloquent interprète,
Est semblable au soleil que le cristal répète :
Oui, je te tiens, dit-elle. Et la nymphe, à ces mots,
Jète ses vêtements, s'élance dans les eaux.
Tour à tour elle emploie et la force et la ruse,
Lui ravit des baisers que l'ingrat lui refuse ;
Sous le voile de l'onde où ses efforts sont vains,
Laisse errer au hasard ses caressantes mains ;
De ses flexibles bras l'enveloppe, le lie,
S'élance dans les siens, et cent fois se replie.
Tel le lierre en naissant, sur la terre couché,
Serpente autour du chêne et s'y tient attaché.
L'Amour qui rit en l'air des efforts de la belle,
Emousse encor l'organe interrogé par elle ;

Et la nymphe, expirant de honte et de desirs,
Dans leurs propres foyers cherche en vain les plaisirs.
Dieux! ô dieux! dans mes bras enchaînez le barbare,
Dit-elle; je mourrai plutôt qu'on m'en sépare.
L'Amour, trop tard hélas! applaudit à ses vœux,
Et dans un même corps les confondit tous deux.
Sur une même tige ainsi l'on voit deux roses
Mourir en même temps, en même temps écloses;
Ou tels dans les forêts deux jeunes arbrisseaux
Semblent d'un même tronc élever leurs rameaux.

A cette traduction libre de ce beau morceau, nous joindrons l'original pour mettre plus en évidence le pinceau de notre auteur, et offrir les beautés qui lui sont propres aussi bien que quelques uns des défauts qu'on lui a reprochés. La belle Salmacis cueillait des fleurs pour contribuer à sa parure :

Cùm puerum vidit, visumque optavit habere.
Nec tamen ante adiit, etsi properabat adire,
Quam se composuit, quam circumspexit amictus;
Et finxit vultum, et meruit formosa videri.
Tunc sic orsa loqui : Puer, ô dignissime credi
Esse deus; seu tu deus es, potes esse Cupido;
Sive es mortalis, qui te genuêre beati :
Et frater felix, et fortunata profecto

Si qua tibi soror est, et quœ dedit ubera nutrix.
Sed longe cunctis longeque potentior illis
Si qua tibi sponsa est, si quam dignabere tœda.
Hœc tibi sive aliqua est; mea sit furtiva voluptas :
Seu nulla est; ego sim, thalamumque ineamus eumdem.
Naïs ab his tacuit, pueri rubor ora notavit,
Nescia quid sit amor : sed et erubuisse decebat.
Hic color aprica pendentibus arbore pomis,
Aut ebori tincto est, aut sub candore rubenti,
Cum frustra resonant œra auxiliaria lunœ.
Poscenti nymphœ sine fine sororia saltem
Oscula, jamque manus ad eburnea colla ferenti
Desinis ? an fugio tecumque, ait, ista relinquo.
Salmacis extimuit, locaque hœc tibi libera trado,
Hospes ait : simulatque gradu discedere verso.
Tum quoque respiciens, fruticumque recondita silva
Delituit, flexumque genu submisit. At ille
Ut puer et vacuis ut inobservatus in herbis,
Huc it et hinc illuc, et in alludentibus undis
Summa pedum taloque tenus vestigia tingit.
Nec mora de tenero velamina corpore ponit.
Tum vero obstupuit, nudœque cupidine formœ
Salmacis exarsit, flagrant quoque lumina nymphes ;
Non aliter quam cum puro nitidissimus orbe
Opposita speculi refertur imagine Phœbus.
Vixque moram patitur; vix jam sua gaudia differt;
Jam cupit amplecti; jam se male continet amens.
Ille cavis velox applauso corpore palmis
Desilit in latices alternaque brachia ducens
In liquidis translucet aquis ut eburnea siquis
Signa tegat claro, vel candida lilia, vitro.

8

Vicimus ; en meus est , exclamat Naïs ; et omni
Veste procul jacta , mediis immittitur undis ;
Pugnacemque tenet , luctantiaque oscula carpit.
Subjectatque manus invitaque pectora tangit ;
Et nunc hac juveni nunc circumfunditur illac.
Denique nitentem contra elabique volentem
Implicat ut serpens , quam regia sustinet ales
Sublimemque rapit : pendens caput illa pedesque
Alligat ; et cauda spatiantes implicat alas.
Utve solent hederœ longos intexere truncos :
Utque sub œquoribus deprensum polypus hostem
Continet ex omni dimissis parte flagellis.
Perstat Atlantiades ; sperataque gaudia nymphœ
Denegat. Illa premit commissaque corpore toto
Sicut inhœrebat ; pugnes licet , improbe , dixit ,
Non tamen effugies ; ita di jubeatis , et istum
Nulla dies a me , nec me seducat ab isto.

Ovide , dans son siècle , ressemblait à
beaucoup d'hommes de lettres d'aujour-
d'hui, qui aiment à se reposer d'un travail
en passant à un autre. Pendant qu'il donnait son temps à ses métamorphoses, il
en dérobait une partie qu'il employait
à son sujet favori, les amours. Ce n'était
point assez pour lui d'avoir développé
dans trois livres d'élégies tout ce qui lui
était arrivé d'intéressant sous les éten-

dards du jeune fils de Vénus , il regardait comme un titre à la reconnaissance une doctrine qu'il publierait sur la manière de réussir dans la carrière d'amour ; ainsi quoique dans ses Tristes il chante souvent la palinodie, notamment lorsqu'il dit :

Maxima pars operum mendax et ficta meorum ,
Plus sibi permisit cumpositore suo.

Il n'en réduisit pas moins alors en systême l'art d'attirer et de fixer également les cœurs dégagés de tout lien, comme ceux qui ne sont point libres. Les principes qu'il établit à ce sujet dans cet ouvrage intitulé *de Arte amandi,* ne sont rien moins qu'émanés de cette flamme pure indice d'un véritable amour ; c'est la doctrine que prêche un homme corrompu qui n'est guidé par aucun principe d'honneur. Il ne faut donc point s'attendre à y trouver cette passion noble qui , exaltant le sentiment , élève l'ame, et lui donne une double existence. Au lieu

8.

de ces doux épanchements qu'avoue la
nature , ce sont des préceptes fondés
sur une morale lascive à laquelle donnait cours la jeunesse romaine , qui n'a-
vait nulle connaissance des moyens propres à épurer ses sensations. Aussi ,
quoique les Romains fussent fort indul-
gents pour tous les ouvrages que dictait
le sentiment de la passion , ce poëme n'en
révolta pas moins les personnes sensées
qui n'y virent qu'une source qu'on venait d'ouvrir au jeune âge avide d'y
aller puiser des moyens de corruption.
Auguste , qui avait quelqu'autre raison
pour en vouloir à l'auteur , en prit motif pour l'exiler à Tomes , sur les bords
du Pont-Euxin , où il mourut. C'est au
séjour qu'il fit dans ces froides contrées
qu'on doit nombre d'élégies qu'on a
intitulées *Tristia* , à raison de ce que la
plupart expriment l'abattement de son
ame , et les cuisants chagrins auxquels
elle était livrée.

Long-temps après que ces auteurs eu-

rent illustré le règne d'Auguste , en traitant les matières de tendresse , parut Pétrone sous le règne de Néron. Déjà les
Muses, abandonnant le sommet du Parnasse, erraient dans les plaines d'alentour,
éprouvant le sort des aigles romaines ,
dont le vol se rallentit dès que Rome
eût perdu sa liberté. Aimable et volup-
tueux , cet auteur faisait les délices d'une
cour fort adonnée aux plaisirs. La manière dont il sut présider aux jouissances
de son prince lui valut le titre d'*Arbiter*.
Dans son *Satyricon* , qui n'est que l'histoire de ce qui se passait dans les parties de plaisir où il était admis, se trouvent plusieurs morceaux d'un tel fini ,
qu'on a tout lieu de croire que si l'auteur
se fût borné à la carrière poétique , il
l'eût dignement parcourue. On en rencontre également dans ses *Fragmenta* ,
qui sont d'une bonne facture , entre-
autres le suivant qu'on pourrait intituler
le portrait :

Candida sidereis ardescunt lumina flammis ,

morceau dont nous devons la traduction
à M. Simon.

« Tes yeux étincèlent de tout l'éclat
des astres. L'incarnat des roses se fond
sur ton teint , et l'or est moins brillant
que ta chevelure. Tes lèvres,plus suaves
que le miel, ont la vivacité de la pourpre , et des veines de carmin sillonnent
la peau transparente de ta gorge aussi
blanche que du lait. Tout ce qu'il y a
de beau fut prodigué sur toi. Ta taille a la
majesté de celle des déesses, et ton corps
céleste l'emporte sur celui de Vénus.
Lorsque ta main d'argent et tes doigts
délicats tressent la soie , tu parais jouer
avec son tissu précieux. A peine en mar-
chant ton pied léger déplace-t-il les plus
petits cailloux , et la terre se ferait un
crime de les froisser. Les lis ne fléchi-
raient point sous la trace légère de tes
pas. Qu'une autre pare son cou de col-
liers précieux , surcharge sa tête de pier-
reries ; simple et sans aucune parure
tu plairas davantage. Il n'est pas de

beauté où l'on ne trouve quelques ta-
ches; l'examen le plus sévère fera tout
approuver en toi ; le chant des sirènes ,
l'éloquence de Thalie, céderaient, j'en
suis sûr , à ta voix si douce, si séduisante,
qui porte dans les ames tous les traits de
l'amour. Le cœur que tu frappes, entre-
tient sa blessure que l'acier même ne
peut guérir : appaise d'un baiser de tes
lèvres les tourments que j'endure , ce
baume salutaire est le seul capable de
soulager mon ame. Cesse de me déchi-
rer avec tant de violence , tu causeras
ma mort. Si cependant ce parti te plaît,
accorde au moins à mes prières une faveur. Sitôt que je ne serai plus, daigne
me serrer dans tes bras , ce bienfait me
rendra la vie. »

On trouve dans les *Catalecta*, qu'on
doit à Joseph Scaliger , plusieurs morceaux sauvés de la rapacité des temps
et publiés sous le titre de *Priapeia*. La
plupart offrent moins la passion pure
qu'un cynisme hors des bornes que lui

oppose le bon goût. La versification d'ailleurs y est assez bien soignée, et difficile à être entendue, vu les fréquentes allusions relatives aux circonstances des lieux et du temps où elles furent composées. Les *Errones venerei* offrent nombre de fragments ou pièces tronquées presque toutes consacrées à l'Amour. Il en est de charmants qui méritent de tenir leur place dans le temple du Goût. On n'a également que des fragments du Poète Sentius Augurinus, mais des fragments d'une si bonne valeur qu'ils font regreter ce qui leur manque, entr'autres le morceau relatif à l'inutilité de la parure.

Ausone, en matière de pur amour, est le poète qui succède à Pétrone. La lacune entre ces deux personnages est grande, mais la cause en est dans les circonstances relatives aux siècles intermédiaires. Comment en effet le génie aurait-il pu se développer dans des temps où la tyrannie abâtardissait les esprits; où les arts étaient exilés, les philosophes chassés, et les lettrés payant de leur tête leur supériorité ; où un Caligula fit brûler Homère et abattre la statue de Virgile ; où un Néron condamnait à la mort les poètes qui ne lui portaient pas leur encens ? C'est alors que les arts, qu'une douce sensibilité et un bon goût avaient fait éclore, perdirent de leur vigueur. Le bel esprit si ennemi de la mâle poésie, remplaça le nombre, l'harmonie, et la naïveté que nous offraient les grands modèles. On joua dès lors sur les mots; on crut en enflant son style, lui donner plus de force ; les bluettes, les éclairs furent de mode. C'est ainsi, qu'enviant la gloire de ceux qu'ils ne pouvaient égaler, les petits génies dans les sciences, les lettres et les arts, ont reculé au lieu d'avancer la borne qu'ils ont trouvée dans leur champ. Ausone, en paraissant dans ces malheureux temps, ne pouvait qu'en contracter les vices. Il nâquit à Bazas, au commencement du quatrième siècle , et mourut vers la fin , ayant mené une carrière autant heureuse que peuvent la desirer ceux qui suivent celle des Lettres. Sa muse est très variée , on peut même dire bien inégale. Entr'autres pièces qui méritent, dans notre genre , l'attention des personnes qui ont du goût , on cite le morceau suivant intitulé *Cupido cruci affixus*. Un des meilleurs poètes lyriques a imité cette idylle et l'a publiée comme il suit, sous le titre de *l'Amour fouetté* :

Près des champs consacrés aux ombres fortunées ,
Loin du séjour affreux des éternels tourments ,
Sont des lieux peu connus ; retraites qu'aux amants
Proserpine et Pluton jadis ont destinées.
On n'y voit point régner les ombres de la nuit ;
Ce n'est point un jour pur que l'on y voit éclore.
 Une clarté douteuse y luit ,
 Pareille à la naissante Aurore.
C'est là que ces beautés , de qui les noms fameux
 Remplissent la fable et l'histoire ,
En amusant les dieux rappélent la mémoire
 De leurs malheurs et de leurs feux.
  L'ambitieuse imprudente
  Qui voulut voir Jupiter
  Avec la foudre brûlante,

Se reproche un malheur qu'elle paya si cher.

     La tendre épouse de Céphale

     Déteste une jalouse erreur,

     Et brise la flèche fatale

     Qu'elle retire de son cœur.

       Héro d'une main tremblante

       Tient la lampe étincelante

       Qui lui servit seulement

       A voir périr son amant.

    Ariane roule en colère

Le fil, triste instrument d'un perfide attentat :

     Hélas ! elle a trahi son père

     En faveur d'un amant ingrat.

A son vainqueur absent Phèdre encor sacrifie

     Ses enfants, son trône et ses jours ;

    Et tour à tour accuse et justifie

     Ses involontaires amours.

Moins coupable cent fois et plus à plaindre qu'elle,

Et Didon et Thisbé vont se frapper le sein.

D'un amant qui la fuit l'une a le fer en main,

L'autre tient le poignard d'un amant trop fidelle ;

A leurs cris éclatants l'Amour vient dans ces lieux :

Le traître dans leurs maux admire son ouvrage ;

    Malgré l'épaisseur d'un nuage

Son carquois, son flambeau le décèle à leurs yeux.

    Déja la cohorte rebelle

Le menace ; il veut fuir, il ne bat que d'une aîle.

Il tombe, on le saisit ; il verse en vain des pleurs :

Attaché sur un myrte, une fureur nouvelle

Va de tous les tourments rassembler les horreurs.

Amour, l'une à ton sein présente cette épée

Par qui sa trame fut coupée ;
L'autre offre à tes regards les débris enflammés
Du bûcher où ses jours ont été consumés.
Mirrha, de qui les dieux ont endurci les larmes,
En fait pour t'accabler de redoutables armes.
Pourquoi, s'écria-t-il, pourquoi tant de fureurs ?
    Cruelles, pouvez-vous connaître
Qui du sort ou de moi cause tous vos malheurs ?
    Il est aveugle autant que je puis l'être.
Eh ! n'avez-vous jamais éprouvé mes douceurs ?
Mais je vais, si j'ai tort, réparer mes erreurs ;
Le remède est tout prêt, je puis vous en instruire.
Là coule le Léthé ; je veux vous y conduire.
Ce fleuve fait aux rois oublier leurs grandeurs,
    Aux esclaves leurs chaînes.
Vos jours furent mêlés de plaisirs et de peines,
Là vous oublierez tout, et les ris et les pleurs.
Tout oublier, Amour ! ah, c'est trop ! dirent-elles.
Si l'un sans l'autre, hélas ! ne se peut effacer,
Laisse-nous tous les deux. Tes peines sont cruelles,
Mais tes biens sont trop doux pour ne plus y penser.

La langue qui, sous Auguste, se parlait et s'écrivait à Rome avec ce beau naturel, dont les orateurs nous ont laissé de si frappants modèles ; qui, disposée selon les règles d'une mesure soignée, formait ces poèmes avec lesquels les auteurs arrivaient au temple de la Gloire,

loin de se perfectionner après la mort
de cet empereur, perdit peu à peu de
sa splendeur sous ceux qui lui succédèrent. Une cause de cette décadence fut
en grande partie l'ambition que chacun
avait de se faire un nom par une affec-
tation de style qui pût le distinguer des
autres. Ainsi Sénèque , comme de nos
jours plusieurs nouveaux venus dans les
sciences et les arts , ne visant qu'à ren-
verser tout ce qui aurait pu nuire à sa
gloire , s'ouvrait un chemin au milieu
des ravages qu'il faisait :

. . . *Impellens quicquid sibi summa petenti*
Obstaret , gaudensque viam fecisse ruina.

Ainsi , long-temps après ce rhéteur ,
voulait planer vers les siècles à venir
cet Adrien qui , se donnant pour réforma-
teur du goût, préférait Ennius à Virgile ,
et arrachait des mains du père de la poésie
grèque le sceptre de l'épopée pour le
donner à Antimachus qui avait fait un
mauvais poème sur la guerre de Thèbes ;

eet Adrien qui , tourmenté du démon
des vers , chantait ses amours comme
ses folies , et vantait, comme preuve de
bon goût , l'apostrophe suivante à son
ame :

Animula vagula , blandula ,
Hospes comesque corporis ;
Quœ nunc abibis in loca ,
Pallidula , rigida , nudula ?
Nec , ut soles , dabis jocos.

Enfin l'empire des Romains miné de
tout côté par les causes qui avaient con-
tribué à sa décadence , succomba sous
le pouvoir des hordes barbares déchaî-
nées du Nord pour l'effacer du nombre
des puissances régnantes ; et avec lui disparurent le langage et les usages qui réu-
nissaient les peuples sous une si vaste
domination. Un féroce soldat fit retentir
des cris de guerre les voutes du palais ,
encore toutes sonores par les accents des
derniers poètes qui évoquaient en leur

faveur l'ame de leurs brillants prédé-
cesseurs. Les Muses et leurs nourissons
fuyaient pour venir se réfugier dans
l'asyle que leur ouvrait François premier.
Mais la corruption s'était introduite dans
le langage de ceux qui s'en disaient les
interprètes. Le génie trouvait-il, pour
former un poème, quelque sujet digne
de passer à la postérité? les matériaux
pour en construire l'édifice étaient dans
un état d'imperfection qui nuisait à l'emploi qu'on aurait pu en faire. Souvent
d'ailleurs le mauvais goût faisait mal
placer ceux qui avaient encore quelque
valeur, et ainsi l'ensemble n'offrait ni
beauté ni régularité. On peut se convaincre sur les vérités que nous avançons ici, en parcourant les morceaux qui
nous ont été transmis des diverses régions
de l'Europe, et qu'on trouve dans l'ouvrage intitulé *Deliciæ poetarum*. Cependant, parmi quelques auteurs qui ne
sont pas sans mérite, on y voit figurer

Beze, Muret, Jean Second, Bonnefons, Kinschote, Vayder-does, Angéria-
nus, Pontanus, Buchanan, et nombre
d'autres qu'on lira avec beaucoup de
plaisir, après s'être nourri des auteurs
de la meilleure latinité. Le plus grand
nombre de ces auteurs ont parlé le langage pudique qui fait valoir le pur sentiment de l'amour; il en est d'autres
qui, moins délicats, ont deshonoré leur
muse par un cynisme hors de toutes
bornes. On trouvera les plus distingués
de ceux-ci dans l'ouvrage récemment
publié ici, intitulé : *Quinque illustrium
poetarum Lusus in Venerem.*

Nous ajouterons à ce précis quelques
observations relatives au style et à la
traduction des poètes que nous avons
évoqués du séjour des ombres pour venir recevoir nos hommages.

Les diverses manières dont les mots
choisis sont disposés pour développer
la chaîne d'idées qui constitue le poème,

forment ce qu'on appèle le style. (1) On distingue communément trois genres de style ; le noble , le fleuri et le familier. Ces trois styles sont au poète ce que sont les couleurs primitives au peintre expert dans l'art de les bien marier pour animer les productions de son gé- nie. Ainsi les employant séparément ou les mélangeant d'une manière savante, il parvient à peindre heureusement une variété d'objets qu'il n'aurait que mal offerts en ne suivant aucune règle à leur égard. La beauté du style dérive du

---

(1) Les anciens qui écrivirent long-temps sur des tablettes couvertes d'une couche de cire, les idées dont ils voulaient conserver quelques souvenirs, désignaient sous ce nom une tige de métal pointue par un bout et applatie par l'autre. Avec celle-ci ils effaçaient ce qui devait l'être dans leurs corrections, d'où l'on comprend la valeur du conseil d'Horace, *sœpe stylum vertas*. Aujourd'hui ce mot se prend au figuré pour exprimer le ton et la couleur qui règnent dans un ouvrage ou dans une de ses parties.

9

choix et de l'arrangement combiné des
mots qu'on en regarde comme les éléments ; c'est une observation qui , faite
d'abord par Denys d'Halicarnasse , dans
ses livres sur la Rhétorique , a reçu sa
pleine confirmation de Quintilien et autres rhéteurs , dont les écrits traitent de
cette matière. Quatre choses , selon ce
dernier auteur , contribuent à la beauté
du style dans la poésie ; la modulation ,
le rhithme , la convenance et la variété.

La modulation dans la poésie grèque
et moins dans la latine , est fondée sur
la valeur des accents et des sons. Les
accents en marquant la syllabe sur laquelle on devait élever ou abaisser la
voix , donnait à la prononciation un
sonore qui en variait l'agrément. Ayant
beaucoup réfléchi sur la nature et la
propriété de chaque lettre , notamment
des voyelles , les anciens étaient parve-
nus au point de donner à leur style cette
harmonie qu'on y admire encore aujourd'hui , quoique notre oreille soit

loin d'être aussi sensible à l'euphonie
de leurs phrases comme l'était la leur
dans ces premiers temps. Cicéron à ce
sujet observe dans son livre *de Oratore*,
qu'un comédien ne pouvait faire une
syllabe un peu plus brève ou un peu
plus longue que tout le peuple ne s'éle-
vât contre lui , n'ayant alors d'autre
règle que son oreille accoutumée à juger
la brièveté ou la longueur des sons par
l'élévation ou l'abaissement de la voix.
En effet, voulaient-ils en style noble exprimer quelque chose qui se rapportait
à la majesté d'un dieu , d'un héros , les
mots composés de voyelles douteuses,
formant sous leur articulation des syllabes brèves et sonores, se présentaient
à eux avec le caractère de dignité dont
leur pinceau avait besoin :

Tantane vos generis tenuit fiducia vestri ?
Jam cœlum terramque meo sine numine, venti,
Miscere et tantas audetis tollere moles.

Leur attention se tournait-elle vers

9.

le retour de l'aimable Flore aux approches du printemps , les mots les plus suaves, formés d'un heureux mélange de voyelles brèves et douteuses avec des consonnes liquides, se liaient en phrases aussi légères que les agiles zéphyrs, aussi coulantes que les ruisseaux qui avivent la verdure des prairies au milieu desquelles ils mumurent :

Jam violas puerique legunt hilaresque puellæ,
Ruraque quæ nullo nata serente ferunt ,
Prataque pubescunt variorum flore colorum ,
Indocilisque loquax gutture vernat avis.
Herbaque quæ latuit cerealibus obruta sulcis ,
Exerit e tepida molle cacumen humo.

Ainsi en accumulant de riantes images, et animant, par le son de leurs mots, la scène qu'ils voulaient offrir à la vue pour la rendre plus attrayante, ils donnaient à leur style tout le charme de la plus douce illusion. Non seulement ils parlaient aux yeux, mais ils cherchèrent encore à intéresser l'oreille par une modulation imitative fondée sur le

son et autres effets de la nature dont
Homère et Virgile nous offrent nombre
d'exemples. Ces pères de la belle poésie
étaient si scrupuleux sur ce point , que
souvent ils se mettaient au-dessus des
règles de la grammaire pour satisfaire
à l'euphonie qui , pour eux , était une
des premières. Ils osaient encore plus,
en négligeant ce que leur prescrivait
l'ordre métrique , pour rendre l'effet
d'une action qu'ils n'auraient pu rendre
en s'astreignant à une exactitude ser-
vile ; témoins les vers suivants de Virgile :

Aut læves ocreas lento ducunt argento:
Saxa per et scopulos et depressas convalles.

On ne pouvait sans contredit , dans le
premier, imaginer une meilleure facture
pour peindre cette tardive extension de
l'argent ductile dans l'art de faire des
cuissarts , comme il était difficile d'en
trouver une qui indiquât mieux la peine
et la lenteur qu'on trouve en fuyant
parmi les montagnes et les vallons.

Le rhithme est une marche imprimée
au vers de manière à le faire aller
selon une sorte de cadence qui flatte
l'oreille. Le rhithme comprend la mesure et le mouvement. La mesure en
poésie est fondée sur le genre des vers
qui entrent dans le poème, et le mouvement sur les pieds dont ces vers sont
composés. Ainsi ces vers de Virgile :

Adnixi torquent spumas et cœrula verrunt ;

et cet autre :

Radit iter liquidum, celeres neque commovet alas ;

ont une égale mesure qui dépend de la
quantité de leurs pieds ; mais leur mouvement n'ont aucun rapport, le premier recevant sa lenteur des nombreux
spondées, et le second toute sa célérité
de ses dactyles. Les Latins qui ont épuré la mesure hexamétrique des Grecs,
ont établi pour régles, relativement au
rhithme, de ne jamais finir un vers de
ce genre par un monosyllabe, à moins

qu'il ne s'agisse d'exprimer quelque
chose qui , en soi , ait de la majesté ,
comme dans les vers suivants :

Nam pro jucundis amplissima quæque dabunt di.
Vertitur interea cœlum et ruit oceano nox.

Dans d'autres circonstances , le monosyllabe laisse quelque chose de doux
dans l'oreille , quand il est précédé d'un
autre , comme dans ces vers de Virgile :

. . . . *Tuus , o regina , quid optes*
Explorare labor , mihi jussa capessere fas est.
Nec vos arguerim , Teucri , nec fœdera nec quas.....

Ce poète, sublime dans ses conceptions , voulait-il peindre les sentiments
du plus grand respect pour un héros ,
pour un guerrier ? alors prenant pour
guide son oreille si sensible , il préférait de terminer sa pensée par un spon-
daïque :

Cara deûm soboles , magnum Jovis incrementum !
Constitit , atque oculis Phrygia agmina circumspexit.

Le même auteur qui a tant soigné sa

facture, termine toujours son vers par
un dissyllabe ou un trisyllabe, et rarement par un mot d'une plus grande étendue, à moins que l'image à rendre
n'exige de lui un pareil sacrifice. Le
rhithme est d'une bien grande suavité
quand le vers commence par un monosyllabe et qu'il continue par des mots
successivement plus longs, comme on le
voit dans le suivant :

Urbs antiqua fuit, Tyrii tenuère coloni.

La césure est une portion du mot qui
précède, laquelle doit s'allier au mot
suivant. Point de beauté dans la versification sans césure; cependant le prince
des poètes latins s'est souvent négligé
sur ce point, sans que nous puissions
savoir le genre de beauté qui résultait
de cet oubli ; témoins le vers suivants :

Per connubia nostra per inceptos hymenœos.

Horace en offre aussi un exemple dont
on conçoit mieux la raison, lorsque vou-

lant désigner la difficulté de faire des
vers à la ville , il s'exprime de la manière qui suit :

Prœter cœtera, Romœ mene poemata censes
Scribere posse inter tot curas totque labores ?

Quand on sait allier en maître le
rhithme au sonore , on obtient le plus
beau tableau qu'on puisse avoir dans le
cadre poétique. C'est alors qu'on approche le plus de la nature ; les vers suivants de Virgile en offrent un de ce
genre, dans la description d'une tempête :

Continuo, ventis surgentibus , aut freta ponti
Incipiunt agitata tumescere , et aridus altis
Montibus audiri fragor, aut resonantia longe
Littora misceri , et nemorum increbrescere murmur.

Tout ici exprime le désordre qui se
passe dans la nature ; il semble qu'on
voie les agitations auxquelles elle est en
proie ; la confusion où elle se trouve
intéresse en quelque sorte tous nos sens.
La répétition fréquente de l'*r*,le son que

laissent dans l'oreille l'*aridus*, le *fragor*,
l'*increbrescere*, le *murmur* ; le placement réfléchi de ces mots , le manque
de césure dans le troisième, les élisions,
les dactyles accumulés , tout contribue ,
avec le sens , pour former le plus beau
tableau. Quant à ce qui regarde le pentamètre , les auteurs élégiaques l'ont
toujours terminé par une dissyllabe et
rarement par un plus grand nombre.
Cependant, Ovide , Properce et Catulle
se sont quelquefois mis au-dessus de cet
usage ; mais c'est lorsqu'ils avaient à traiter quelque sujet triste , languissant ou
grave , auquel cette désinence ajoutait
du caractère ; les Grecs sur tous ces
points ont été beaucoup moins scrupuleux que les Latins, à s'en rapporter aux
ouvrages de Callimaque et autres. Le
genre élégiaque se compose de l'union
alternative de l'hexamètre au pentamètre. La douceur est le caractère propre
à ce genre , aussi ne souffre t-il pas ai-
sément la rencontre fréquente des sons

durs , le concours des voyelles et leur
dure collision. On doit y trouver peu
d'élisions qui nuiraient à l'effusion du
sentiment ; si par fois on les admet , ce
ne doit être que dans les circonstances
de tristesse où elles peuvent contribuer
à mieux faire sentir l'état vacillant de
l'ame et la molle négligence où elle est
sur le choix des mots qui peuvent le
manifester. Les anciens établissaient
comme beauté sur le rhithme de ce vers,
une rencontre de même syllabe dont
actuellement nous ne pouvons sentir tout
le prix. Cette répétition devait avoir toujours lieu dans le même pied,de manière
à ne faire qu'une continuation du même
son. Tibulle est celui des poètes élégiaques où l'on trouve si souvent cette
tautophonie , dont le placement est tel
qu'on peut le regarder comme l'effet
non du hasard , mais bien de la réflexion.
Les vers suivants en offrent plusieurs
exemples :

Ipse seram teneras maturo tempore vites

Rusticus et facili grandia poma manu.
Me mea paupertas vitœ traducat inerti.
Te teneam moriens. . : . . .
Picta docet templis multa tabella tuis.

L'oreille toujours fixée sur le rhithme, les élégiaques se mirent aussi souvent au - dessus des règles grammati-
cales pour gagner sur le son ce qu'ils
perdaient du côté de la pureté du langage. De là les infinitifs passés *composuis-*
se, procubuisse, supposuisse et autres,
dont ils aimaient à faire usage au second
hémistiche au lieu de leurs présents. Ils
trouvaient encore qu'il était d'une grande
élégance de commencer le même vers
par deux dactyles :

Si tamen a memori posteritate legar.
Gratius e gelido fonte bibuntur aquœ.

ou par un spondée et un dactyle :

Tranquillas etiam naufragus horret aquas.

Ils regardaient comme parfait le vers
commençant par un mot de deux syllabes, suivi d'un autre qui en avait un
plus grand nombre :

Omnis odoratis ignibus ara calet.
Nomen amicitiæ barbara corda movet.

Une chose qui donne beaucoup de grace aux vers de ce genre , est le rejet d'un chorée de l'hexamètre au pentamètre , surtout quand succède une virgule qui établit un leger repos :

Flebis, non tua sunt duro præcordia ferro
Vincta, nec in tenero stat tibi corde silex.

La convenance , troisième qualité du style , consiste dans l'art de disposer de la modulation et du rhithme selon les règles du genre dans lequel on écrit. Fénélon dit à ce sujet , fort ingénieusement, que le style doit être comme un cristal bien clair au travers duquel on voit l'objet qu'on caractérise avec toute la vérité que peuvent lui donner ses propres couleurs. Vida, qui nous a laissé des règles sur la poésie , s'exprime on ne peut plus élégamment à cet égard , lorsqu'il dit , en parlant des anciens :

Tum, si læta canunt, hilari quoque carmina vultu

Incedunt , lœtumque sonant haud segnia verba;
Seu cum vere novo rident prata humida , seu cum
Panditur interea domus omnipotentis olympi.
Contra autem sese tristes inamdbile carmen
Induit in vultus , si forte invisa volucris
Nocte sedens secum canit importuna per umbras.

Celui qui , dans son travail , sait ainsi
se conformer à ce que lui prescrit le
bon goût , est toujours assuré d'attirer
sur lui les suffrages. Horace dit avec
raison , à ce sujet :

. . . . . *Cui lecta potenter erit res ,*
Nec facundia deseret hunc nec lucidus ordo.
Ordinis hœc virtus erit et venus , aut ego fallor;
Ut jam nunc dicat jam nunc debentia dici ,
Plœraque differat et prœsens in tempus omittat.

En se conformant à ce précepte , on
ne peut qu'offrir , sous le plus beau jour,
les objets qu'on veut peindre. Alors on
fait voyager agréablement son lecteur
par une route qui le mène sans fatigue
au terme de ses jouissances.

La variété , dernière qualité du style
qui nous reste à considérer , contribue

d'autant mieux à faire valoir un sujet,
qu'elle renouvèle plus agréablement les
faces sous lesquelles on peut l'envisager. Cette variété a pour base la bonté
du fonds, et pour moyens, l'imagination et l'art de bien disposer ses produits à mesure qu'ils s'offrent à elle
pour être mis en œuvre. La prose, sous
le rapport du style, est susceptible d'une
bien plus grande variété que la poésie.
Comme sa marche n'éprouve aucune
contrainte, dès qu'une idée complexe se
présente à l'esprit, de longues périodes
s'offrent d'elles-mêmes pour la bien développer. On place de la manière la plus
convenable les incidents qui , entrant
sans gêne dans un des membres de la
phrase , s'arrondissent alors pour former corps avec elle. Est-elle sans ac-
cessoires ? on la resserre dans des bornes
aussi étroites qu'il est nécessaire pour
donner au style la concision qui lui est
favorable. En pareil cas , hâtant ou retardant sa marche selon que la circons-

tance peut l'exiger, la prose devient susceptible de tout le luxe de style que sa
nature peut comporter. La poésie sur
ce point est loin de jouir des mêmes
avantages que la prose ; car à nous en
tenir au genre élégiaque qui offre plus
de variété que le genre épique et didactique confiné à une mesure sénaire.,
ici l'hexamètre commence par une longue et doit toujours finir par un dactyle et un spondée de même que le
pentamètre qui, varié il est vrai dans
le premier hémistiche , se termine toujours d'une même manière dans le second. Or , quelque varié que soit le mouvement dans ces deux genres de vers,
la combinaison a ses bornes qu'elle ne
peut avoir dans un ouvrage qui n'est
astreint à aucune mesure poétique , et
dont le sens peut être prolongé beaucoup plus loin que dans l'élégie et même
dans le genre épique., où l'on ne peut
guère l'étendre au-delà du sixième hexamètre. Néanmoins la poésie par le

travail et par la hardiesse de ses figures, est tellement parvenue à couvrir ce désavantage, que loin de laisser appercevoir son infériorité comparée à l'autre , elle n'en prend qu'un vol plus élevé sur elle. En effet, il semble à ceux qui connaissent toutes les difficultés de la langue grèque , qu'Homère ait écrit en prose, tant son style se sent peu de la contrainte métrique ; et , à cet égard , nous pourrions même dire qu'il est plus facile de l'entendre que les auteurs grecs, qui ont écrit sans s'astreindre aux règles de la mesure.

La traduction , dans le sens où on l'entend en littérature, est la communication que l'on donne d'un ouvrage dans une langue différente de celle où il fut primitivement écrit. Traduire est non seulement faire connaître les idées à développer dans un ouvrage , mais encore rendre ce dont il y est fait mention , avec le choix des mots et la tournure d'expressions qui peuvent mieux faire ressortir le

sujet. Chaque langue a son génie particulier qui, non seulement caractérise
la nation où elle est en usage, mais encore l'individu même dont elle développe
les pensées. Sans étendre trop loin les
preuves qu'on pourrait accumuler pour
établir cette dernière vérité, ne serions-
nous pas en droit d'avancer que, s'en te-
nant à la suavité du style de Platon, et à la
facilité harmonieuse de la muse de Virgile, on aurait raison de croire à un rapport de caractère entre ces deux personnages qui vivront à jamais dans les
annales du temps ?

Le devoir d'un traducteur qui travaille
sur un ouvrage en prose, est donc de
tellement s'identifier avec l'auteur, qu'il
ne fasse pour ainsi dire qu'un même
personnage dans la manière d'écrire
comme dans celle de penser. Alors l'idée
que la phrase nourrit chez celui qui
s'occupe à traduire, se revêt des apparences qu'elle a dans l'original, et bientôt elle paraît sous le dehors qui lui est

le plus naturel et le plus favorable. Dans
ces sortes d'ouvrages, on ne peut guère
demander d'un traducteur autre chose
que de rendre le sens avec la netteté
et la clarté que comporte la langue dans
laquelle il écrit; on est, et avec raison,
plus exigeant quand il s'agit d'une composition poétique. Un poème est une
peinture dont les couleurs sont tellement
inhérentes aux expressions, que celles-
ci étant une fois changées, toute l'illusion
qui dérivait des teintes et des masses,
disparaît. Quoi de plus soigné que la galerie de tableaux passionnés que nous
offre le quatrième livre de l'Enéide !
Le sentiment du plus brûlant amour y
paraît sous toutes ses faces avec les couleurs variées que demande la situation
et l'état des personnages qui en sont af-
fectés. Les mots, leur choix et leur
union la plus propre à flatter l'oreille
dans certains cas, à exciter et à modérer
la passion dans d'autres, peignent au
naturel les divers états où se trouve la

malheureuse reine de Carthage , dont
toutes les affections se portent sur Enée.
On y voit également ce héros tourmenté
d'un côté par l'amour qui l'entraîne vers
cette princesse, et de l'autre par sa piété
qui le porte à obéir à l'impérieuse vo-
lonté des dieux. Le rhithme donne à ces
tableaux tout le brillant dont ils sont sus-
ceptibles; qu'on le change par une subs-
titution ou par une transposition de mots;
qu'on fasse plus, comme cela est indis-
pensable dans une traduction, que l'on
décompose l'assemblage pour former le
groupe et les diverses nuances que demande la langue à laquelle on livre la
production, dès lors la couleur des objets n'étant plus de même teinte avec le
fond, l'impression que le tableau faisait auparavant, est changée à son désavantage.

Ce défaut où tout traducteur tombe
à cet égard, est un de ceux qu'il lui est
impossible d'éviter ; tout ce qu'il peut
faire est de chercher à le diminuer au-

tant qu'il est en son pouvoir, en sacri-
fiant, quand il le juge à propos, l'énergie à la faiblesse, le brillant à la simplicité, selon que l'exige le mécanisme de
la langue dans laquelle il écrit. En pareil
cas, la raison, dit d'Alembert, est un
juge sévère qu'il faut craindre, et l'oreille
un juge orgueilleux qu'il faut ménager.
La disette des équivalents, pour rendre
une idée heureuse qu'offre l'original,
est une principale cause de l'impuis-
sance où est l'art sur ce point. En effet
qui pourrait rendre le *perrupit Ache-
ronta Herculeus labor?* le *vultus nimium lubricus aspici* du poète de Vénuse? le *sternitur exanimisque tremens
procumbit humi bos* et le *pontem indi-
gnatus Araxes* de Virgile? *L'ingenti
numero perinde armatus* de Salluste?
Si l'on veut rendre le

> . . . . . . *Qui sibi lethum*
> *Insontes peperere manu lumenque perosi*
> *Projecere animas;*

de Virgile, il faudra dire : *détestant la*

*lumière ils ont jeté leurs ames loin
d'eux.*

Cette image du poète est noble et ani-
mée ; mais notre langue se refuse à
l'admettre. On est donc forcé, dans la
traduction, d'avoir recours à une autre
qui sera toujours loin de l'original quoiqu'elle semble le plus s'en approcher.
On voit d'après ces citations que la difficulté dans une traduction n'est pas tant
dans la perception des pensées d'un original, que dans l'embarras où l'on tombe
quand on cherche à les rendre de manière qu'elles ayent, avec les primitives , un air de famille qui les fasse aimer de ceux qui connaîtraient leur pa-
renté. Le littérateur qui excelle en ce
genre de travail, a donc droit à l'es-
time, quand il offre, quelque faibles
qu'elles soient sous le rapport de l'expression, des pensées qui seraient res-
tées cachées au plus grand nombre, sans
les veilles employées à son instruction.

Le traducteur d'un poète ne doit point

borner ses moyens à copier servilement
son original, s'il veut, avec raison, en
faire sentir toute l'énergie et les beautés.
Comme en certains cas où il ne peut l'égaler, il faut qu'il se tiène dans son infériorité; de même il doit aussi dans d'autres savoir s'élever pour lui donner une
perfection que ne comporte point son
modèle. Ainsi, un graveur en copiant
le tableau d'un grand maître , en rélève
les beautés ou en masque les défauts par
une touche fine et délicate, qui en fait
mieux ressortir l'effet. Mais cette liberté
dont peut jouir l'homme de goût, dégé-
nérerait en une licence nuisible, si elle
n'avait point ses bornes. Un traducteur doit encore savoir risquer quelques
mots de sa fabrique pour exprimer une
touche vive de son original, que les couleurs ordinaires de son pinceau n'auraient pu rendre. Le néologisme qui
s'est introduit en France depuis dix ans,
le met sur ce point aussi à son aise qu'il
peut le désirer, quoiqu'il ne jouisse pas

encore de la même latitude de pouvoir
qu'aurait un habitant des bords de la Ta-
mise. En empruntant ainsi d'une langue
pour embellir l'autre, un écrivain donne
à sa traduction toutes les qualités qui la
peuvent faire estimer des connaisseurs.
Elle a , dit l'auteur des Observations
sur l'Art de traduire, l'air facile et naturel,
l'empreinte du génie de l'original et en
même temps ce goût de terroir que la
teinture étrangère doit lui donner.

EXTRAIT

DE l'Ouvrage du Docteur PETIT-RADEL, *intitulé :* DE AMORIBUS PANCHARITIS et ZOROÆ, *etc.,* *lu le* 19 *Ventôse an* X, *à la Société libre des Sciences, Belles-Lettres et Arts, séante au Louvre.*

LA Discorde, aux yeux hagards, à la bouche écumante, planait sur toute la France, laissant à découvert, dans son sein livide, le poignard dont elle s'apprêtait à percer le cœur de tous ceux qui lui auraient refusé un asyle. Déjà de vaillants généraux conduisaient leurs ardentes phalanges vers les confins d'un empire qui cherchait à reprendre une vigueur première, à la faveur des lois nouvelles que leurs armes soutenaient au dedans comme au dehors. Fatiguées de

ces secousses répétées, qui dérivent du
choc des opinions anciennes, avec celles
que suscite l'intérêt de la nouveauté, les
Muses fuyaient vers les sages contrées qui
se maintenaient dans les douceurs de la
paix, pour y trouver une tranquillité nécessaire à leurs travaux. Ce fut dans ces
circonstances si alarmantes que l'auteur
de l'ouvrage que nous allons analyser,
le docteur PETIT-RADEL, si avantageuse-
ment connu par de nombreux ouvrages
en médecine, porta dans l'hémisphère
austral les connaissances infiniment ap-
préciables de son état. L'isle de la Réunion fut le lieu qu'il choisit pour son do-
micile. Là, éloigné de cette mer orageuse
que soulevait en nos climats la variété
des opinions qui, chaque jour, s'entre-
choquaient le plus violemment, le docteur vaquait aux devoirs que lui imposait
sa profession, et occupait ses loisirs à tracer
à la studieuse jeunesse la route qu'elle
devait tenir pour arriver au sanctuaire
où la déesse Hygie dicte ses oracles. On

dit communément que le génie de la
poésie préside à la naissance de ceux
qui doivent se désaltérer à la fontaine
d'Hippocrène; si cela est, il faut avouer
que la verve qui lui fut alors inspirée,
resta longtemps à contrebalancer sinon
surmonter l'influence du dieu de la médecine. C'est ce dont semble se plaindre l'auteur, quand dans le charmant morceau
intitulé *Vigiliæ*, il dit :

> *Ah ! satis obticuit torpenti vena quiete*
> *Obruta segnitie, carpit Apollo reum.*
> *Me per iniqua recens Parnassi culmina duxit,*
> *Castaliisque pium me madefecit aquis.*

Erato fut la muse qui répandit le plus
ses largesses sur notre auteur. Eh ! comment aurait-il été insensible à ses charmes, dans un climat où elle souriait aussi
agréablement à Parny, le fidèle interprète de ses pensées ? Le hasard, qui
est le père de tant d'évènements, fit tom-
ber entre les mains du docteur ce code
de Cythère, qu'il ne connaissait pas,

dans un moment où son ame oisive attendait un travail qui pût l'occuper agréablement. A peine en avait-il commencé
la lecture, que le génie des vers se ré-
veille en lui de son long assoupissement.
La langue latine, si familière à l'auteur,
vint s'offrir avec tout son luxe, pour obtenir sur tout autre moyen d'expression,
une préférence d'autant plus méritée,
qu'elle lui avait accordé la première ses
plus grandes faveurs. La muse d'Ovide,
étonnée de ses premiers succès sur une
lyre qui était restée muette depuis si
long-temps, vint à lui pour l'encourager
à suivre une route qui le mènerait au
mont sacré. C'est alors que, parcourant
les diverses zones du globe où le con-
duisait son étoile, le docteur employait
ses loisirs à former divers morceaux
de son ouvrage, incertain encore du
plan sous lequel il pourrait en donner
connaissance. Son retour en France
l'ayant mis à même de terminer et publier plusieurs ouvrages sur son art,

il a repris ses morceaux, les a cousus
par des pièces de rapports, et les a
disposés de manière à en faire une
histoire autant suivie que pouvait le comporter le genre de poésie qu'il avait
adopté. C'est ce travail qui fait la base
de la première édition que donna l'auteur, il y a environ trois ans. La circonstance pour la publication d'un pareil ouvrage n'était pas fort favorable.
Les Muses latines, effrayées des coups
que leur avait portés le vandalisme,
étaient loin de prendre une pleine con-
fiance aux prières que leur adressaient
quelques partisans de leurs faveurs.
Néanmoins, à l'étonnement de ceux
qui soupiraient après leur retour, l'édition n'en fut pas moins épuisée en peu de
temps. L'auteur, peu satisfait de ses premières idées, revint alors sur son travail,
retoucha plusieurs morceaux, en refondit
d'autres, et en ajouta de nouveaux qui,
avec une préface très-étendue et une
narration de tous les faits qui lui sont

particuliers, sont un ouvrage auquel on
peut accorder le mérite de la nouveauté.
C'est celui dont nous allons nous occup-
per dans les considérations suivantes ,
et pour mieux en mettre les matériaux
en évidence, nous commencerons à dire
quelque chose des personnages qui
jouent le plus grand rôle dans cette
histoire. Le lieu de la scène est à Milet
que l'urbanité et la gaîté de ses habitants
rendaient recommandable aux épicu-
riens de profession. Le héros , Zoroas ,
muni des connaissances qu'il avait
puisées dans les écoles de la célèbre
Athènes , y aborde à l'époque où se
célébraient les fêtes de Cérès. Il voit
la belle Pancharis au moment où elle
allait faire son offrande à la déesse ; il la
voit et aussitôt il brûle pour elle du plus
violent amour. Il s'en ouvre à Ménippe
son confident , se décidant à invoquer
la reine de Cythère, pour qu'elle favorise sa flamme. La réputation de notre
jeune philosophe se répand dans la

ville ; bientôt il est appelé par la mère
de sa belle qui l'engage à orner le cœur
d'une fille qu'elle chérit , des plus su-
blimes principes des sciences qu'il possède. L'amant, comme on s'y attend, ac-
quiesce à ses desirs ; il est même admis
à tous les avantages de la commensa-
lité. Insensiblement il développe ses sentiments ; il trouve beaucoup d'obstacles ;
il emploie tous les moyens que lui four-
nit son éloquence pour les vaincre. Il
touche savamment la corde si facile à
vibrer chez le sexe : qu'il faut profiter
de la jeunesse avant que l'âge ne viène
semer ses frimas sur nos ans ; et de
là la comparaison reçue en tout pays ,
de la rose avec la vie qui n'est guère
de plus longue durée que cette fleur ,
quand on la considère d'un œil philo-
sophique.

Les raisons ont beau être pressantes ,
la belle n'en est pas moins cruelle. Dans
ces promenades solitaires, la nuit surtout, où privé de toute distraction , un

cœur blessé est tout à l'objet de sa passion, le héros en fait part aux bois et
aux échos d'alentour, pour en obtenir
quelque consolation ; mais les bois, les
échos ne sauraient lui adoucir les peines
d'amour.

> . . . . . *Est mollis flamma medullas*
> *Interea, et tacitum vivit sub pectore vulnus.*

Peu favorisé dans ses premières tenta-
tives, il invoque Sélénon, cette source si
renommée pour guérir les maux du cœur.
« Oui, dit-il, j'irai vers tes ondes plain-
tives ; je me désaltérerai sur tes bords,
pour revenir sain et sauf de ma blessure. O Sélénon ! accorde - moi tes plus
grandes faveurs, pour que je recouvre
une liberté dont je sens aujourd'hui
tout le prix. Si tu refuses d'écouter ma
prière, je descendrai vers le Styx, chargé
du poids de mes peines. » La fontaine
est aussi inefficace à cet égard que sont
sur sa belle les douces insinuations par

lesquelles il lui donne à entendre quelles
sont les armes dont il a été frappé. L'expression simple du sentiment n'ayant
aucun effet sur ce cœur cruel , il a
recours à sa flûte à laquelle il adresse
ses vœux. « Si jamais, assis sous l'om-
brage, j'ai dans mes loisirs tiré de toi
quelques agréables sons ; si par leur
douceur je méritai l'attention des frênes
sauvages qui semblaient me témoigner
quelque sensibilité , fournis - moi les
mêmes accents que naguères tu m'ins-
pirais ; récrée par eux la belle Pancharis , et que les agréments de tes nouveaux sons soient un charme puissant
sur elle. » Mais la flûte n'est pas plus
heureuse que la douce persuasion qui
distillait de ses lèvres. Il a recours à
ce petit dieu au brillant carquois , qui
lui avait décoché une flèche si cruelle.
« Souverain dominateur de l'univers ,
s'écrie-t-il , ô toi l'auteur de tant de
maux ; mais consolateur si puissant
dans un grand nombre d'autres, divin

11

Amour qui souffles sur l'adolescence un
poison qu'elle hume avec tant de plaisir à
la coupe de la Volupté; toi qui nourris
chez le vieillard une flamme qui met
tous ses ressorts en action , et chez les
dieux des desirs qui les forcent à quitter
les brillantes jouissances de l'olympe ,
pour venir savourer un plus grand
bonheur dans les bras des mortelles ;
quel crime ai-je commis , dis-le moi ,
pour me prendre ainsi comme un objet
le plus propre à épuiser ton carquois ? »
La prière est vive ; les offrandes , car
il en faut quand on veut faire valoir
les prières , sont telles qu'elles peuvent
plaire. L'amant s'en croit en droit de
faire une déclaration pathétique où se
développe toute la chaleur de la passion
la plus vive. Enfin , l'Amour frappe la
belle , et c'est alors qu'elle s'écrie :
«Tu l'emportes sur moi, puissant dieu
de Cythère ; tu as vaincu , je succombe.
Vas, monte à présent sur ton char d'i-
voire, en déployant ces aîles où brillent

l'or et le rubis. Dirige ton vol vers l'o-
lympe pour cacher ta fourberie dans
le sein de ta mère. La déesse, en te sou-
riant , te félicitera sur ton triomphe ,
pendant que ses mains légères te cou-
vriront de roses. » Enfin la belle se
rend. On capitule, car en pareil cas il
faut toujours tirer le meilleur parti de
son ennemi ; de là les élans du vainqueur envisageant le bonheur qui lui
dérive de sa victoire ; les douces com-
munications de deux cœurs réunis sous
la tutèle de l'Amour ; les effusions entre
deux ames qui sympathisent par le genre
de leur affection. La doctrine, au milieu
de ces douces conférences, ne perd pas
ses droits. L'amant y a recours pour y
puiser des moyens de retenir sa belle
dans les agréables chaînes dont elle
vient de se lier. Ici sont des vues géné-
rales sur ces forces d'attraction qui di-
rigent tous les êtres vers l'union nécessaire à leur reproduction. L'amoureux
philosophe prend ses preuves chez tous

11.

les êtres organisés , chez les végétaux
qui ornent la surface de la terre , chez
les quadrupèdes des épaisses forêts , le
peuple aîlé des airs, les muets habitants
des ondes ; tout ce qui a vie lui est un
sujet dans ses applications. Là viènent
des considérations sur l'origine des
substances que la vie anime , la manière
dont celle-ci commence , ce qu'elle est
dans les êtres dont l'existence est pas-
sagère. L'esprit se promène sur les plus
petites espèces qui forment la longue
chaîne des végétaux , et vient enfin se
reposer sur ces grands individus qui,
s'allongeant en troncs et en bras vigou-
reux , viènent affronter la colère des
cieux. Plus loin le précepteur fait une
incursion dans les champs de Flore ,
et en s'arrêtant sur les fleurs qui, par
leur parure , fixent le plus l'attention ,
comme sur celles de moindre apparence , il en prend occasion de faire
voir comment la déesse de Cythère a
étendu son pouvoir jusqu'à elles. Après

avoir bïen établi ses principes ,. il en
vient à ce qui le regarde dans divers
morceaux qui offrent une suite de tableaux bien propres à intéresser en sa
faveur. Enfin le sanctuaire de Vénus
est ouvert à l'amant qui, y ayant goûté
tous les plaisirs d'un amour satisfait ,
se répand bientôt en actions de graces
sur la faveur qui lui a été accordée.
Viè.nent ensuite les plus agréables jouissances avec leur cortège ; les craintes
sur les évènements; la jalousie qui est
la maladie de l'amour; les imprécations
contre ceux qui pourraient troubler une
flamme aussi pure que celle dont brûlent
les personnages du poème ; les serments
sur sa longue durée ; les conseils d'aller
chercher une plus grande sécurité dans
une terre étrangère ; ceux relatifs à la
conduite à tenir pour cacher le bonheur
qui n'excite que trop l'envie chez d'autres ; les chagrins, les reproches que
suscite l'éloignement de l'héroïne à ac-
quiescer à ce dernier parti. Au milieu

de tout ce tracas qui anime la scène
d'amour , le héros toujours actif mois-
sonne des lauriers sur un champ dont
il est en pleine possession. Il ne laisse
aucune occasion favorable sans se si-
gnaler par quelques nouvelles victoires,
quoique mettant ses moyens à couvert.
Il se regarde comme heureux ; mais
son bonheur disparaît bientôt pour faire
place aux plus vives inquiétudes. Lucine
est venue visiter l'héroïne au moment
où elle s'en souciait le moins , et lui
fait sentir qu'il était temps qu'elle lui
portât un hommage. Pancharis est ef-
frayée des accents de la déesse ; elle
s'en ouvre à Iphie qui est sur le point
de partir pour Samos , la priant de con-
sulter la Sibylle pour savoir d'elle quelle
fin auraient des feux qui , jusqu'alors,
avaient brûlé d'une manière si réci-
proque. La réponse n'est pas favorable ;
le froid se glisse dans les entretiens ;
le héros en forme des soupçons et en
manifeste ses plaintes ; l'héroïne en

prend occasion de rompre avec lui ,
quoique conservant toujours le même
amour qui lui fut juré. Enfin , bientôt
les remords , les inquiétudes qui s'accu- ·
mulent sur elle , allument en ses veines
une fièvre cruelle ; elle en est la vic-
time , elle meurt. Zoroas est aux abois.
En proie à la plus poignante douleur ,
il a recours à la philosophie de laquelle
il attend la plus prompte consolation :
sa demande est vaine. Son bonheur
passé se retraçant à sa mémoire , est
pour lui une cause continuelle de chagrins. A peine peut-il suffire à traîner
sa malheureuse existence. Il est averti ,
dans une apparition , de faire le voyage
de Leucate pour finir son iliade de misères. Il suit ce conseil ; mais avant de
chercher dans les ondes amères un al-
légement à ses maux , il raisonne sur le
suicide et se précipite pour ne jamais
reparaître sur la scène du monde.

Tel est le cadre dans lequel l'auteur

a enchassé toutes les pièces de rapport qui constituent son poème ; ainsi on peut le regarder comme une galerie de tableaux où se voyent la plupart des usages de l'ancienne Grèce. Quelques groupes de personnages, par leurs discours et la passion dont ils sont souvent les interprètes, animent une scène qui se renouvèle à chaque page sous le pinceau savant qui distribue les couleurs. Chacun ici trouvera un aliment propre à satisfaire ses goûts. Le romancier y verra un échaffaudage qui, avec quelques pièces d'emprunt, pourront l'aider à composer une histoire dans le genre grec, aujourd'hui si à la mode dans nos vêtements et nos ameublements. Le troubadour rencontrera quelques morceaux sur lesquels il pourra former une complainte propre à manifester, à l'aide de sa guittare, ses doux tourments d'amour. L'amant, encore novice dans les lois qu'on suit à Cy-

thère , y trouvera le code écrit de la
reine de l'isle , auquel elle soumet ceux
qui se rangent sous son empire. L'amante
dont le cœur ignore le doux langage
de tendresse , y puisera les expressions
propres à manifester la pureté de sa
flamme. Le philosophe y lira les opéra-
tions les plus secrètes de la nature, dé-
veloppées dans cette sublimité de style
que comporte la grandeur de ses travaux.
Mais pour mettre plus en évidence ce que
nous avons rapporté jusqu'ici , nous choi-
sirons quelques échantillons du savoir
faire de l'auteur , afin que les amateurs
de la poésie latine puissent le juger par
eux-mêmes.

La verve de l'auteur , comme il est
d'usage , s'essaye dans son prologue où
il développe les circonstances qui l'ont
améné sur le Mont sacré. Les choses qui
lui furent inspirées sur ce lieu , sont d'une
nature si peu propre à être manifestées
au vulgaire , qu'il ne se décide à les

publier que dans un langage qui l'en
écarte pour toujours.

Hæc secreta cano nunquam retegenda profanis :
Sacra sacris , esto lex veneranda piis.
Illa sonis ideo promam quos prima juventus
Non capiet , quamvis ingeniosa velit.

L'auteur ambitionne les suffrages de
l'homme instruit , et à dire vrai il a
beaucoup travaillé pour les obtenir.

Non carmen meditor cedro fragrante linendum,
Quod nec derosum bibliopola gemet.
Hæc scio ; sed quædam nihilominus otia docti
Illud opus fallat , me manet inde decus.

Mais tout en travaillant pour ceux qui
peuvent concourir à sa gloire, il n'ou_
blie pas les agréments dont pourra être
son ouvrage à la jeune fille chérie
d'Apollon , au moment où elle pourrait
être impatiente sur l'arrivée de son
amant.

Vel legat in sponda cui nuper Apollo renidet
Virgo sub adventum jam resupina phili ;

Non moror interea cingat modo bacchare frontem
Blanda Erato, nutum Cypride dante suum.

L'auteur s'attend bien à trouver quelque zoïle qui noircira son travail ; mais il s'en rapporte, pour le rétablissement de sa gloire, au témoignage véridique de nos neveux.

Palleat hinc operis quisquis foret illius osor,
Quod mihi forsan erit, post mea fata, decus.
Longa dies etenim rebus dat robur ademptis,
Exoriturque suo sic nova fama rogo.

Il espère cependant trouver quelques défenseurs dans la bonne ville qui lui donna naissance ; la croyance où il est à cet égard lui fait envisager sa fin avec plus de sécurité.

Sit tamen ipsa memor regina Lutetia vatis
Serius aut citius, gratus adibo Styga.

Il termine par cette espérance qui soutient, dans leur pénible carrière, les moindres nourissons d'Apollon.

Si me non ludit mentis temerarius error,
Non erit ut moriar vel cinis omnis eam :

Seu favor hoc voluit, vel habet vis carminis, œque
Debita lectori prœmia laudis erunt.

Après ce début le héros du poème
entre en matière par une interpellation
à ses amis, dans laquelle, convenable-
ment aux principes qu'il développera
par la suite, il les invite à jouir du bienfait de la vie et à peu compter sur les
protestations de constance que donne
une belle :

. . . . *Namque bilinguis*
Quœ spondet, fluvio scribere virgo solet.

Diversité dans les jouissances que nous
accorde le sexe à qui nous devons hommage, c'est sa devise. Mais il voit Pancharis, et toute sa doctrine s'évanouit avec
les préceptes qui en découlent.

Ah miserum! precepta dabam, desciscere cogor,
Cum qui cuncta domat, me domet acer Amor.

Comment, en effet, résister au pouvoir
des traits qui partent de cette belle, pour
blesser tous ceux qui ont un cœur sensible.

Verna genæ rubeo referunt suffusa colore
Lilia, jucundus quas gelasinus arat.
Uda colorato prælucent labra corallo,
  Queis nivei dentes dantque foventque decus.
Quinetiam cirris resplendet amabilis error,
  Lacteolis humeris unde sit alter honos.
Sic coma luxa fluit Charitum spirantibus auris,
  Dum pede concordi pulsà resultat humus.
Brachia candidiora recens florente ligustro
  In teneras abeunt, ut decet illa, manus.
Sub tenui lino latitantes pectoris orbes
  Indociles etiam vique jocoque trahunt.

Voilà certainement des coups de pinceau auxquels les anciens Romains pourraient reconnaître la touche prononcée
de leur aimable Ovide. Cette blancheur
de lis des joues, relevée par une rougeur
pudique, ces lèvres vermeilles qu'une
douce rosée humecte légèrement, et
dont la couleur est tranchée par les perles qu'elles laissent paraître dans leur
écartement ; le tout embelli par le charme
d'un doux sourire, *gelasinus*, l'agréable
abandon des boucles de sa chevelure sur
ses épaules d'albâtre, *amabilis error*,
abandon qu'on trouve chez les Grèques

quand elles frappent la terre selon les
règles de la mesure ; ces bras comparés
pour leur blancheur à celle du troëne ,
le *niveum ligustrum* d'Ovide , qui se
terminent en mains délicates , *teneras manus* ; le contour de son sein paraissant à travers le fin lin , quoiqu'ar-
tistement placé pour le cacher , *latitantes pectoris orbes* ; à tous ces traits pour-
rait-on méconnaître une touche délicate
et savante ? Le philosophe est blessé ,
il sent que Vénus est la seule déesse qui
puisse subvenir à sa peine ; hélas ! dit-il ,
dans un de ces moments où il sent toute
la cruauté de sa blessure :

Hei mihi! quot vacuum curœ luctusque manebunt,
Si votis perstet dura puella meis!
En tacite serpit virus stillatque per artus
Corporis , et vires exitiale necat.
Nil solitœ recreant artes , non carmina prosunt ;
Mollia sunt vacui carmina cordis opus.

Alors il se résout à porter son hommage
à la belle Cythérée , pour qu'elle le
favorise dans ses amours. Son invocation
à la déesse est pleine de grandeur , con-

sidérée du côté des sentiments, et riche
de graces, envisagée du côté de l'expression. On ne trouve aucun des traits qui
ornent la touche de Lucrèce, quoique
celle-ci marche avec la majesté qui con-
vient à la souveraineté de la déesse ; c'est
ce dont on peut se convaincre par le
commencement que nous soumettons :

Alma Parens rerum! cujus nascuntur in orbe
  Cuncta sub auspiciis, qua bona cuncta valent ;
Vita juventutis, naturæ lumen amicum;
  Quamque colunt homines, quam coluere Dii :
O genitura maris, cunctæ genitabilis auctor
  Virtutis, renovat qua data secla dies ;
Quam comitant Risus, Charites, Zephyrique Jocique,
  Extera seu lustras vel tua regna vides ;
Da mihi te, formosa Venus, placare potentem ,
  Et culpæ crimen grande piare meæ.

Il termine d'une manière aussi majestueuse :

O Dea ! quam precibus mortales usque fatigant ,
  Eheu! nunc abeo, tu miseresce meí.
Ah miseresce, Parens ; et edant ne sævius ignes,
  Quam peto, nunc damnis protinus affer opem:
Moxque potens voti citharam tibi pectine tangam,
  Mixtaque vox laudes tollet ad astra tuas.

On peut dire ici que toute cette invocation est réellement poétique en ce qu'elle
est pleine de grandeur et de dignité ; la
marche du vers en est facile ; elle ne
cloche pas par les sauts que lui donne
l'élision ; elle ne s'arrête pas par le
manque de césure ; l'harmonie y est
complette, et la mesure bien soutenue.
L'auteur dans les passages suivants fait
voir comme il manie son mètre quand
il parle le langage musical qu'il est si difficile de rendre dans le style élégiaque
ancien, d'après les notions que nous avons
actuellement sur l'harmonie. En répon-
dant à sa belle qui l'engageait à répri-
mer son ardeur, et parlant de sa voix
qu'elle savait si bien marier aux accords
de la cithare, il continue en disant :

Neve dehinc resonet blando tractura canore
Queis focus ignotus pectoris intus inest.
Desinat ire volutatim totiesque tenore.
Opposito cordis semper adire vias.
Quinpotius pergat querulis accentibus esse,
Vel sileat nimium peniciosa sono.

. . . .
. . . .

Non hesternâ fugit malecautam lectio mentem ,
  Non fugit ut tremulos es modulata sonos.
Ducebat vocem blando mea tibia flatu ,
  Sed raptus mentis vix ego compos eram.
Semitonisque quibus modulus minor inde subibat
  Victus eram , primi sed rediere toni.

Un morceau qui piquera tout auteur dans le bon genre, est celui intitulé *Tibia*, dont le refrain commence par un vers emprunté de la huitième églogue de Virgile. C'est une invocation que le héros fait à sa flûte pour qu'elle lui donne des sons propres à fléchir sa belle : car quand on veut réussir en amour, il ne faut mépriser aucun moyen. Elle commence ainsi :

Incipe Mœnalios mecum mea tibia cantus ,
  Incipe et argutis perge jocosa modis.

Ce morceau est plein de douceur ; Amphion, Arion, et le sensible Orphée y sont cités à propos ; le poète saisit cette occasion pour y appeler Apollon à son aide. On voit que c'est de lui dont il parle quand il fait dire à son héros :

Tu mihi quæ virtus herbis morbisque medela
Aptior, edideras ; nunc meminisse juvat.
Dein me per Pindi fontes collesque vocasti ,
Quo me invitabat lucidus alter honos.
Auribus haud vilis nec adhuc mea tibia sordet ;
Ipseque si teneri carminis auctor eram,
Hæc tua sunt, cumulumque tuo superadde favori
Hos afflans modulos queis mea virgo flagret.

Le morceau finit d'une manière spirituelle :

In me tota ruit Cypris memeque Cupido
Totus habet , paci nec locus ullus erit.
Garrula nunc fer opem, flammis da mollibus escam,
Qua saltem pondus nunc relevare queam.
Ah si forte canor necquicquam verberet aures
Ipsius , et pereant qui valuere soni ;
Desine Mœnalios jamjam, mea tibia, cantus ;
Desine , et argutis non , oedo , porge modis.

Un charmant morceau qui fixa l'attention de l'auteur est celui qu'on trouve dans Métastase , sous le titre de *Tempestà*. Quoique la mesure élégiaque soit moins favorable au genre descriptif que l'hexamétrique complet , on y voit cependant toutes les couleurs primitives de l'original italien , si éloquent sous la plume de son auteur :

Aspice quam late nimbis nigrescit horizon,
Ut procul inversis œstuat œquor aquis.
Ingeminant Austri , jamjam magis aridus altis
Montibus auditur, spe fugiente, fragor.
Pulveris exsurgit nubes , turboque revolvit
Decussas frondes, silva sonora gemit.
Huc illuc spumas radendo littus hirundo
Tinnitu querulo damna futura canit.
Verberat imber humum , tumidis furit unda sub undis ;
Instat , prævideo , proxima causa mali.

Quand on a affronté les tempêtes et qu'on a vu le ciel au loin se noircir par l'accumulation des nuages qui bornent l'horison , qu'on a vu la mer s'élever en vagues menaçantes, qu'on s'est enfin trouvé au milieu des plus violentes tourmentes , on sent toute la valeur de ce *late nimbis nigrescit horizon,* de cet *œquor œstuans inversis aquis ,* enfin de ce *tu-*

midis furit unda sub undis qui font autant d'images dont ceux qui n'ont point
voyagé en mer, peuvent prendre quelques idées dans les tableaux de Vernet.
La vérité du reste de la description est
sentie par ceux qui, en pareil cas, se
sont trouvés sur le rivage.

Un morceau qui respire la passion ,
mais la passion en prise avec la pudeur,
est celui intitulé *Deditio* , dans lequel
Pancharis fait à Zoroas l'aveu des vifs
sentiments d'amour qu'elle éprouve
pour lui ; c'est ce qu'on voit dans le
passage suivant où, en lui annonçant le
pouvoir qu'il a pris sur elle, elle s'écrie :

> *Eheu! quid luctabar amans, si tela nequirem*
> *Sœva à virgineo jam prohibere sinu?*
> *Victori do victa manus, licet, esto, quod optas.*
> *Infandum! nostro crimen ab ore venit.*
> *Vox perdit miseram primoribus edita labris ;*
> *Nilne erit, ò lacrymœ, quo relevetis onus?*

Le reste du morceau est plein de feu ;
le langage de la belle est monté sur les
irrésolutions ; enfin, comme la tendre

Julie dans la nouvelle Héloïse , elle finit par se mettre sous la tutèle de son
vainqueur , en invoquant à elle tous les
principes d'honneur qu'elle suppose être
en lui.

La partie scientifique est traitée dans
les articles *Monocromum* , *Miscellanea* , *Sponsalia* , *Paralipomena* , et
Auctarium. C'est dans ces morceaux sé-
parés où l'auteur touche en grand les
phénomènes de la nature vivante dans
les corps organisés. Il donne dans le
premier une idée du pouvoir qui porte
les êtres créés vers leur reproduction ;
il y revient dans ses *Miscellanea* où il
établit ses preuves d'après les exemples
qu'il prend de divers ordres de corps organisés ; il retouche cette matière dans
celui des *Sponsalia* où tout ce qui a
rapport à la vie végétale est traité d'une
manière étendue. Tous les faits qu'il a
cités , en traitant ces différents sujets ,
sont autant de fils destinés à conduire
derrière eux ceux qui se sentent assez

de courage pour entrer dans le labyrinthe , au fond duquel se trouvent dé-
sourdis les frèles ressorts de notre orga-
nisme. Le langage de l'auteur est monté
dans cet article , comme dans le suivant,
au dégré de sublimité que comporte sa
matière ; les vers y marchent rondement, sans se sentir de la gêne si ordinaire qu'on trouve lorsqu'on cherche à
rendre, sur le ton métrique, des objets de
doctrine. On y verra , lorsqu'on en pren-
dra connaissance, comme, sous sa plume,
le technique se revêt de sa plus belle parure pour entrer dignement dans le
sanctuaire des Graces , sans rien offrir
qui choque sous des habits qu'il endosse
rarement.

Un autre morceau qui est encore d'un
bon goût, est celui intitulé *Comparatio*.
Nous pouvons assurer qu'il est du plus
beau genre descriptif. On voit dans tout
son coloris cette touche de maître à qui
l'objet qu'il peint est toujours présent.
Il s'agit encore de la mer , de son calme ,

de ses fureurs que l'auteur a tant et tant
observés dans ses nombreux voyages sur
l'océan. La belle Pancharis se promène
près du rivage, sur le soir d'une belle
journée d'été. Ses réflexions se portent
sur les charmes que lui offre le cristal
de l'onde tranquille ; elle communiquait
ses pensées à son amant en lui faisant
partager les douces affections qui nourris-
saient son ame. Tout change aussitôt : la
tempête met l'océan en convulsion ; Zoroas en prend occasion pour comparer
ce double état du liquide élément avec
ceux que lui offre sa bien-aimée, lorsqu'elle lui sourit, ou qu'elle lui témoi-
gne quelque indignation. Le cadre est on
ne peut mieux rempli ; il semble qu'on
a les pieds mouillés en cotoyant le rivage, quand on lit les vers suivants :

Unda super ripam lente revoluta vehebat
Algam, tum fucos quisquiliasque freti :
Quantum oculis lustrare licet, Thetis alta silebat,
Instar et illimis plana paludis erat.

De légers zéphyrs, pour rider la surface de l'eau, vièvent ici fort à propos.

Hac illac Zephyri stringebant æquora pennis,
Et sua miscebant furta jocosque leves.

Veut-on des images fortement rendues dans un ton harmonieux ? la tempête vient les offrir :

At subito Hippotadæ proles fremebunda furentis
Irruit huc illuc dimicuitque freto.
Assiliunt fluctus mugitque sub æquore gurges ;
Imis avulsum sentit arena vadis.
Fitque ingens undis surgentibus agger aquarum,
Isque dehiscendo cogit utrinque parem.
Insonat ora feris assultibus inque minaces
Insurgit scopulos ira soluta freti.

Le reste du morceau est de la même
touche. Zoroas tient à sa belle le langage des reproches, et il le termine en
lui disant :

Te procul infelix doleo, vicinus et angor ;
Absens vel præsens, sic mihi damna paras.

L'amant, quelque favorisé qu'il soit, se trouve malheureux de ne pouvoir porter hommage à sa belle quand bon lui semble ; il propose une émigration ; on s'y refuse ; sur ces entrefaites il tombe malade, et le refus ne contribue pas peu à aggraver son état ; c'est alors qu'il s'adresse à la déesse Hygie :

Peonis o soboles, languentis spesque salusque,
Lucida nata poli, nunc age, rumpe moras.
O Hygieia ! procul nutu risuve malorum
Quæ pellis causas, labere blanda mihi.

Le reste du morceau est monté sur le plus haut ton ; les vers y sont coulants, majestueux, et font image.

Le *Colludium* est un entretien passionné au milieu d'un bosquet élevé, d'où l'on a la plus belle vue. Le commencement est dans le genre descriptif. On voit l'amant se pénétrer insensiblement des beautés du lieu qui se reflétant sur sa belle, ne font que plus ressortir ses charmes. C'est un berceau que

le jasmin, par de nombreux contours,
vient couvrir et embellir de son feuillage :

> . . . . *Lascivit olens super et dat amœnum*
> *Textilibus ramis, quo placet illa, decus..*

Un ruisseau plaintif qui arrose çà et
là la prairie :

> *Itque reditque vagus picti per gramina prati,*
> *Rivulus hic lympha saxa trahente loquax.*

Un peuplier qu'un léger vent fait parler; un saule dont les branches balancées
vièrent se désaltérer à la surface de
l'onde :

> *Populus hœc foliis aura spirante susurrat ;*
> *Tum lacrimosa salix, quœ sibi lambit aquas.*

Un papillon léger qui voltige avec sa
compagne pour butiner sur les fleurs :

> *Huc illuc volitans alis librata jocosis*
> *Papilio, sequitur pressius ipsa marem ;*

Et quibus illa sedet dulces potura liquores
Floribus, hic sequitur pone bibosus eam.

Tout est un objet d'observation, de description dont l'auteur embellit les masses par des couleurs vives, riantes, et bien nuancées. Mais tous ces objets qui nourriraient amplement l'imagination d'un Albane, d'un Linné, ne servent, chez le héros, qu'à réveiller sa flamme, et à remonter les ressorts d'une sensibilité que la maladie avait détendus. Aussi dans un moment où il commence à en éprouver les effets, s'écrie-t-il, en revenant à ses intérêts :

Ecquid dum natura monet nos esse regendos
Lege sua, nobis irrita jussa forent ?
Cras amet, ah! potius nunquam qui segnis amaret ;
Sed qui nuper amat, nunc amet inde magis.

Le morceau qui suit, intitulé *Vigiliæ*, est du plus grand intérêt tant pour le fonds que pour la forme ; il est imité de celui connu sous le nom de *Pervi-*

gilium Veneris, qu'on attribue à Catulle, hymne que des jeunes filles et des jeunes garçons chantaient en l'honneur de Vénus, au commencement du printemps et pendant la nuit. L'auteur en a élagué beaucoup de choses ; mais aussi il y en a ajouté tant d'autres pour l'encadrer dans son plan, qu'on peut le regarder comme neuf, produit comme il l'est, dans la mesure élégiaque qui a nécessité un tout autre ordre dans les matériaux. Il est avant celui qui est relatif à la fête de l'héroïne; il commence par le refrain suivant:

Cras amet omnis inops animi qui nescit amorem;
Crasque magis sapiens, siquis amavit, amet.

La première strophe qui contient la naissance de Vénus, offre les plus belles images, rendues avec une facilité de mesure qui ferait plaisir aux connaisseurs. La seconde continue dans le genre descriptif; Vénus sort de l'onde ; toute

l'isle où elle aborde éprouve les in-
fluences de son pouvoir.

Sensit ager, sensere deam vallesque nemusque.

Les habitants ne sont pas insensibles à
ses charmes, et dans leur ivresse:

O numen, dixere, novum quo gaudia fervent ;
Si placeat sedes, otia ruris habe.
Alma fave tenuesque casas ne sperne tuorum ;
Mox et erunt aris, queis celebretur honos.

Dans la seconde , ce sont des jeunes
filles qui vont dans les bois faire leur
récolte de fleurs pour la fête; l'Amour
les accompagne ; suit une invocation à
Diane pour qu'elle se dispense de verser
le sang en ce jour. On parsème la terre
de fleurs dans la troisième ; on en prend
occasion de supplier la rose de briller
le lendemain avec toute la vivacité de
ses couleurs. L'éloge des champs vient
dans une des suivantes. L'auteur en
profite pour dire quelque chose de la

naissance de l'Amour. Il en vient dans
la dernière aux chants dont la modulation doit exciter chez tous la plus vive
allégresse , et il la termine en disant :

Mitis Amor, jamjam propera, nec ab igne calentem
Nunc sine pro nugis me tetigisse lyram.

Ce morceau est riche en images et en
beautés de détail. En parlant du souverain pouvoir de Venus, relativement à
la reproduction, quelle grandeur, quelle
vérité dans les vers suivants :

Diva suis auris venas mentemque gubernat ;
Intus et oculta vi fovet omne genus.
Per freta, per terras, per inane regitque premitque
Cuncta sub imperio mox animanda suo.
Sic viva imbuitur virtute feracior orbis ,
Ortus dum pandit quæ latuere vias.

Un morceau bien sentimental,quoique
dans le genre exprobratif, est celui intitulé *Peripetia.* Il est adressé à la belle
Pancharis , qui commence à éprouver
des remords sur les faveurs qu'elle. a

accordées à son amant. Celui-ci qui n'en est pas encore instruit, commence à se laisser entraîner à la jalousie. En lui avouant sa constance, il lui dit :

Adde fidem; nostri non sum violator amoris,
  Nec notas fecit garrula lingua faces.
Permultas equidem novi queis byssina prompsi;
  Sed tu sola meis es memorata modis.
I, pete convalles, frondoso vertice colles;
  Et scitare nemus, cognita jura dabunt.
En et adhuc resonans hesternis vocibus Echo
  Quos tibi jactabam garrit amica modos.

Voilà des moyens de conviction auxquels nos élégants du jour, qui vont soupirer dans des boudoirs, auraient d'autant moins pensé, qu'ils auraient eu peu de valeur auprès de leurs belles.

L'allégorie est un des matériaux de la poésie, qui par la manière dont on l'emploie, indique le génie ou l'ignorance de l'artiste. Elle est d'autant plus agréable qu'elle cache avec finesse des beautés qui rassasieraient à la première vue, si elles étaient produites de prime

abord au grand jour. C'est un moyen
dont l'art fait usage pour voiler , et en
même temps faire connaître des choses
dont il fait payer l'acquisition par le
travail de l'esprit. On croit voir une coquette qui offre et retire tout-à-coup ses
faveurs , et qui ne fait acheter la dernière qu'au plus haut prix. L'auteur en
a fait usage avec beaucoup de délicatesse , dans le morceau intitulé *Naufra-*
gium , où la belle pleure la perte de
cette fleur , à laquelle nous sommes re-
devables de l'essor si charmant de la
verve qui anima Catulle. Sous l'emblême
d'un vaisseau naufragé , l'auteur développe tout ce qu'on peut dire sur les
regrets d'une jeune fille qui ne s'est pas
gardée des atteintes de la séduction.
Nous finirons l'analyse de ce Poëme par
le morceau intitulé *Soliloquium.* Il est
pathétique ; la touche en est mâle ; les
sentiments que le héros annonce sont
ceux du désespoir :

Marte meo pandatur iter per opaca viarum,
Si nunc non aliter Tartara cœca patent.

Mais ils sont bientôt tempérés par le res-
souvenir de la consolante doctrine de
Platon, qui lui promet un bonheur après
sa mort :

Hœc mihi spes refovet vires spondetque quietem,
In tenues umbras cum resolutus ero.

Les derniers adieux qu'il fait à ses
élégies sont marqués au coin de la plus
vive sensibilité. En les personifiant, il
leur donne un caractère d'action qui
contribue beaucoup au style touchant de
ce morceau.

L'ouvrage est terminé par un *Exo-*
dium où l'auteur dit qu'il était prêt à
jeter son livre au feu ; sur ce que lui
conseilla le dieu des vers dans une apparition qu'il en eut. Ce dieu voyant
qu'il ne pouvait se résoudre à rompre
ses tablettes, lui dit :

Esto sis numeris hedera quam dignus inempta,
Te manet infelix, quo satiere, cicer.

13

Spes nulla ulterior; largi vixere patroni;
Nec, tua qui gratus pensa rependat, erit.

Le dieu d'amour les lui vola alors et
les déposa à Cythère; aussi inculpe-t-il
ce fripon, si son ouvrage vient à être
publié.

On voit par l'analyse que nous venons
de faire de ce travail du D. Petit-Radel, combien l'auteur a su tirer parti de
son imagination dans les climats chauds
où les matériaux de son ouvrage furent
formés. Non seulement chacun des morceaux ont un fini dans leur genre, mais
encore leur ensemble offre un tout assez bien lié pour lui donner le caractère romantique. Chacun présente un
genre qui lui est particulier ; ce sont
des images dont les couleurs tantôt se
nuancent , et tantôt sont brusquement
tranchées par les sentiments de la plus
vive passion. Les narrations y sont simples , par fois pathétiques , et chaque
morceau se tient tellement , qu'on passe
naturellement de l'un à l'autre. La lyre

de l'auteur est majestueuse dans toutes
ses invocations ; elle est tellement triste
dans les articles , *Monologium* , *Æstus* ,
Ululatus , *Epicedium* et *Augustale* ,
qu'il semble qu'on entende des sanglots.
Elle est légère et enjouée dans ceux intitu-
lés *Hortatio* , *Mnemosynum* , *Chytrin-
da* , *Remoramen* et *Colludium* ; elle est
montée sur la dignité de la science, lorsqu'il s'agit de développer les points les
plus obscurs de quelque sublime doctrine;
elle suit tout le moëleux du sentiment
dans les articles où la tendresse joue le
plus grand rôle. Cependant on pourrait
dans ceux - ci trouver à redire de ce
que l'auteur est trop brillant dans ses
descriptions ; d'avoir trop employé les
comparaisons ingénieuses et tous ces ornements superflus , étrangers au langage
d'un cœur qui soupire , lorsqu'il est prêt
d'être récompensé. On pourrait ici lui
faire le reproche que Quintilien adres-
sait à Ovide , d'être trop amoureux de
son bel esprit , *nimium amator sui*

13.

ingenii , d'où suivrait la conséquence
naturelle que son imagination tient souvent la place de son cœur. En général
les vers vont rondement ; peu sont bri-
sés ; ils ont un coulant naturel, et rarement ils sont arrêtés par des élisions
trop rapprochées. Si par fois la méta-
phore y vient ajouter un brillant , elle
est si bien amenée qu'elle ne fait que
leur donner un nouveau prix ; plusieurs
ont la touche vraiement lyrique ; d'autres semblent ne devoir être chantés
qu'au luth des Amours ; il en est beaucoup qu'on aurait écoutés avec plaisir
dans les soupers de Mécène , quoique
composés dix-huit siècles après celui où
la langue des Romains était la plus épurée. Quelques éplucheurs se sont récriés
sur les vers où se trouvent plusieurs ad-
verbes de suite ; mais si l'on était aussi
scrupuleux sur Virgile , il faudrait laisser ce divin poète en pâture aux vers ,
dans les coins poudreux de nos biblio-
thèques. D'ailleurs, nous pourrions leur

répondre par le *non ego paucis offen-*
dar maculis d'Horace, qui ne leur lais-
serait aucune replique. La lecture de
ce poëme, par la multitude d'objets qu'il
offre, pourra pleinement convaincre que
l'on parle d'autant mieux le langage des
dieux , qu'on est familiarisé avec celui
de la belle nature, au physique comme
au moral. Quand on s'est nourri, comme
l'auteur, par les phénomènes que l'univers offre en grand et en petit; qu'on a
étudié le langage du cœur dans le tor-
tueux labyrinthe des passions où il se
forme , du moment qu'on sent , *quid*
valeant humeri, quid ferre recusent,
il faut ne point se refuser à un fardeau
que l'imagination allège alors; mais il faut
se garder de se l'imposer trop tôt ; car
dans des circonstances contraires , les
forces se refuseraient à le soutenir.

MARRON.

OUVRAGES

DU DOCTEUR PETIT-RADEL,

En vente

Chez THÉOPHILE BARROIS, le jeune, rue Haute-Feuille.

Essai sur le lait considéré médicinalement sous ses différents aspects, ou Histoire de ce qui a rapport à ce fluide chez les femmes, les enfants et les adultes, soit qu'on le regarde comme cause de maladie, comme aliment ou comme médicament. 1 vol. in-8°. Prix broché 2 fr. 5o c.

L'auteur ayant voulu mettre en ordre tout ce qu'on peut dire sur une matière aussi importante, considère le lait, 1°. dans les organes de la mère où il s'élabore, ce qui le conduit à traiter de la composition de ces organes, de la sympathie qu'ils entretiènent avec les parties éloignées qui leur correspondent, de la manière dont ils opèrent leurs fonctions, de la nature de l'humeur qu'ils séparent, de ses différences et des accidents auxquels celle-ci donne lieu, quand quelques obstacles s'opposent à sa filtration; 2°. chez l'enfant où il l'examine comme substance alimentaire propre à son développement, et comme cause de maladie lorsque la combinaison de ses principes est contraire à celle qu'il doit naturellement avoir ; 3°. enfin chez l'adulte de différent sexe , ce qui le conduit à traiter de ses différentes propriétés comme aliment et comme médicament dans les maladies pour lesquelles il est ordinairement employé. Cet ouvrage, d'après ce cadre, ne peut qu'intéresser les femmes qui nourrissent, comme les personnes qui se mettent à la diette blanche.

Traité des Vaisseaux absorbants du corps humain , traduit de l'anglais,du docteur Cruikshank. 1 vol. in-8°. Prix broché 5 fr.

Cet ouvrage est divisé en deux parties ; la première offre tout ce qui est relatif à la théorie de l'absorption , elle fait la moitié de l'ouvrage ; l'ordre , la clarté et la précision s'y font distinguer dans tout ce qui a rapport à la doctrine tant ancienne que moderne. On en peut dire autant relativement à la seconde qui offre des détails sur la description , la situation , le nombre des glandes conglobées , et la distribution particulière des vaisseaux absorbants du corps humain. L'ouvrage est accompagné de planches du dernier fini , dont la première représente le cours des absorbants sur toutes les parties tant intérieures qu'extérieures du corps ; la seconde , les orifices de ces vaisseaux et leur distribution sur une portion d'intestins grêles; et la troisième , la texture des glandes conglobées. Il en reste encore quelques exemplaires papier d'Hollande.

Chez DUPLAIN, cour du Commerce.

Introduction méthodique à la théorie et la pratique de la médecine , traduit de l'anglais, du docteur Macbride , avec des remarques du traducteur. 2 vol. in-8°. Prix broché 10 fr.

Le premier volume de cet ouvrage traite de la théorie de l'art ; en tête se trouvent l'éloge de l'auteur par Vicq-d'Azir, et une savante préface du traducteur. Le second offre tout ce qu'il importe à savoir dans le traitement des maladies particulières.

Chez BRIAND, rue du Jardinet.

Nouvel avis au peuple sur les maladies et accidents qui demandent les plus prompts secours , et autres qui , légères en apparence , n'en sont pas moins accompagnées de suites fâcheuses. 1 vol. in-12. Prix 2 fr.

Cet ouvrage a été composé dans l'intention d'être utile aux gens de la campagne, qui, sujets à nombre de causes imprévues de maladies et souvent d'une mort apparente , les négligent et en sont les victimes. Les principales matières qu'on y traite sont l'empoisonnement , la morsure des chiens enragés , les asphyxies causées par les vapeurs méphytiques, la submersion, l'étouffement , le froid , la foudre , les évanouissements , la crampe , les douleurs , etc. C'est un *vade mecum* plus utile à toutes personnes étrangères à l'art, que toutes ces compilations médicales que l'intérêt leur offre pour aggraver leurs maux.

Essai sur la théorie et la pratique des maladies vénériennes, traduit de l'anglais, du docteur Nisbet, et dédié au docteur Antoine Petit. 1 vol. in-8°. Prix broché 4 fr.

Cet ouvrage est accompagné de notes et précédé d'une préface du traducteur, où l'on trouve beaucoup de faits intéressants à connaître dans la théorie comme dans la pratique de cet ordre de maladies.

Chez A G A S S E , rue des Poitevins.

Dictionnaire de chirurgie, contenant tout ce qui a rapport à cette partie de l'art de guérir; ouvrage faisant partie de l'Encyclopédie par ordre de matières. 3 volumes in-4°. avec planches. Prix 54 fr.

On trouve dans ce dictionnaire tout ce que la chirurgie moderne offre de plus reçu, tant dans la théorie que dans la pratique de l'art. Les collaborateurs MM. Delaroche et Petit-Radel, que leur érudition dans les langues étrangères ont mis à même de compulser les meilleures sources, y ont puisé tout ce qui pouvait rendre leur ouvrage meilleur. On doit au dernier toute la biographie des auteurs qui ont écrit sur l'art , les articles concernants les maladies des yeux , des os , de la matrice, celles dite syphilliques, et nombre d'autres très-détaillées, la table des matières de tout l'ouvrage. Le dernier volume est une explication des 150 planches d'un très-

beau burin où l'on trouve représentés tous les
instruments et machines usités dans la pratique
de l'art, et plusieurs cas pathologiques intéressants à connaître.

Institutions de médecine, ou *Exposé sur la théo-*
rie et la pratique de cette science, d'après
les auteurs anciens et modernes ; ouvrage
didactique, contenant les connaissances gé-
nérales nécessaires à ceux qui se destinent
à exercer l'art de guérir. 2 vol. in-8°. Prix
12 fr.

Cet ouvrage, fruit de longues études et di-
géré pendant plus de dix ans, après que les
commissaires nommés par l'ex-Faculté de médecine pour lui en rendre compte, l'avaient muni
de leur approbation, est entièrement consacré
aux élèves. Il est partagé en quatre parties,
savoir : la Physiologie, l'Hygiène, la Patho-
logie et la Thérapeutique. Toutes les notions
que l'auteur donne sur chacune d'elles, sont
basées sur les connaissances et les faits les plus
récents ; enfin, disent les commissaires, en
terminant leur rapport : « il est écrit avec
beaucoup d'ordre, de clarté et de méthode ;
il est le fruit d'une longue méditation et d'un
travail continu. Il offre le complément de tout
ce que doit savoir l'étudiant avant de passer à
la lecture des livres de pratique, qui seront
toujours obscurs quand on voudra les étudier
sans être muni des connaissances préliminaires

que peuvent seuls donner les ouvrages élémentaires , ni trop concis ni trop étendus. »

Chez GABON et compagnie , près les Ecoles de médecine.

Institutions de médecine, etc.

Conseils aux femmes de 45 à 5o ans , ou conduite à tenir lors de la cessation des règles , traduit de l'anglais, du docteur Fothergill, et augmenté de notes par le traducteur. In-8°. Prix 75 centimes.

Le traducteur dit , dans sa préface , que compulsant les *Medical Inquiries and Observations* pour y prendre diverses notes , il trouva cette dissertation d'un des plus fameux praticiens de Londres , si concordante avec la vérité , qu'il se détermina à la traduire pour être utile aux femmes qui pourraient se rencontrer dans quelques unes des circonstances dont il est fait mention dans cet opuscule. La connaissance des faits et observations , tant du texte que des notes ne peuvent qu'intéresser les femmes qui , en pareil cas , sont souvent victimes de leur sécurité.

Chez DIDOT , le jeune , quai des Augustins.

De amoribus Pancharitis et Zoroæ ; Poema erotico-didacticon seu *umbratica lucubratio de cultu Veneris Mileto olim peracto, ut*

Amathunteo sacello mysta subduxit et variis
de generatione cum vegetantium tum ani-
mantium exemplis auctum vulgavit Athenis.
Secunda editio plane reformata et tabulis
œneis illustrata, cui accedit vita auctoris.
6 francs broché.

Il en reste encore quelques exemplaires papier
vélin.

Luxe de typographie, de gravures, recherche
dans la prose, bonne versification, une très-
grande variété dans les tableaux, et couleurs
propres à fixer l'attention chez les amateurs des
muses latines, s'il en reste encore ; telle est la
manière dont s'explique le rédacteur du Journal
des débats, du 7 frimaire an 10.

Chez L E V R A U L T, quai Malaquais,
F U C H S, rue des Mathurins, et DESENNE,
au Palais du Tribunat.

Institutions de médecine, etc.

De amoribus Pancharitis, etc.

Visite à la prison de Philadelphie, ou *Énon-*
cé exact de la sage administration qui a
lieu dans les divers départements de cette
maison ; ouvrage où l'on trouve l'histoire
successive de la réformation des lois pénales
de la Pensylvanie, avec des observations
sur l'impolitique et l'injustice des peines ca-

pitales , en forme de lettre à un ami. Par *Robert Turnbull*, *traduit de l'anglais.* Prix 1 franc.

Le traducteur a enrichi cet ouvrage d'une préface pleine de vues philantropiques, de quelques notes , et d'un plan qu'il a pris sur les lieux.

F I N.

www.ingramcontent.com/pod-product-compliance
Lightning Source LLC
Chambersburg PA
CBHW071941090426
42740CB00011B/1769